教養として知っておきたい宗教学

中村圭志

PHP文庫

○本表紙図柄＝ロゼッタ・ストーン（大英博物館蔵）
○本表紙デザイン＋紋章＝上田晃郷

文庫版はしがき

二〇一八年の単行本『面白くて眠れなくなる宗教学』は、宗教と宗教学に関する基礎的な事柄について平易に説き起こしたものです。一つのスタイルにより完結した構成をもったものであり、改めて読み返しても（自分で言うのも何ですが）そこそこ面白く書けたと思えるものでした。

そこでこれを（ほぼ）そのまま文庫化して、より多くの方々に読んでいただこうと思いました。

基本的な内容に変更は加えていません。ただ、新宗教、カルト、無神論ないし宗教批判といったトピックに関しては、単行本のときよりも知識の需要が高まっている状況なので、少々手を入れたり、新たな節を設けたりしました。

また、最後の「読書案内」の中身も刷新しました。本書と同様の平易なものからじゅうぶん専門的なものまで、並べてあります。

日本では、不祥事やテロなどのニュースを除いては、宗教は公共の話題になりにくいものです。それでも、二〇二二年の安倍元総理大臣銃撃事件をきっかけに、カルト的宗教の問題、宗教二世の困窮の問題、政教分離と信教の自由をめぐる問題などが認識されるようになりました。

宗教一般についても、否定的な意見も含めて、多く語られるようになってきました。宗教に無関心であるはずの日本人の多くが、実は死者の霊魂の存在をかなりふつうに信じているという、まあ、奇妙とも言える事実もあります。東日本大震災のようなまさに非日常的な場において、死者の霊を感じたとか、死者の無念がそうさせたのではないのかとか、伝統的な霊魂信仰を思わせる言説が、社会学者やジャーナリストによって記録されています。

そしてもちろん、国際ニュースでは、イスラム教、ユダヤ教、キリスト教、ヒンドゥー教といった諸宗教間の緊張関係を思わせる紛争などが、日々報告され続けています。

意識しようとしまいと、薄い濃いの違いがあろうと、宗教という文化は私たちの世界を覆っていると言えるでしょう。

カルト事件でも、パレスチナ問題でも、一つの分野を詳しく掘り下げて書いた本はもちろん貴重ですが、そればかりでなく、なぜ宗教がこれほどまでに多様な現象であるのか、その謎について考えてみるきっかけとなるような、しかしあまり重苦しく感じることのないようなガイドブックが必要だと、私は久しい以前から思っていました。

そして宗教とは違う、宗教学という学問の立場についても、いったいそれは何なのかとざっくり紹介する必要もあるだろうと思っていました。

五年前に本書を書いたのはそういう動機からですが、同じ思いを今も抱いています。この文庫版の各ページをいろいろ読み返していただくと、宗教現象をめぐるイマジネーションの体操になるのではないかと思います。

二〇二三年十二月

中村圭志

はじめに

現代において宗教は、目に見える形でも目に見えない形でも、大きな影響力をもっています。

グローバル化が進み、様々な民族的背景をもつ人々の交流が進む中で、宗教の理解は必須であると言われています。また、国際的事件の背景や国際政治を理解する上でも宗教の知識が大変に重要になります。

日本国内はどうでしょうか。

神社仏閣などのパワースポットめぐりが盛んに行なわれているばかりでなく、坐禅会や写経などの講座も人気を集めています。村上春樹や吉本ばななの小説、宮崎駿や新海誠のアニメにも、宗教的なイメージや言葉が鍵として登場したりします。

宗教は何万年という歴史を誇る、人類文化の老舗（しにせ）です。昔の宗教者は、今日（こんにち）の科学もテクノロジーも知りませんでしたが、個人と社会の運命に関して遠大な視野をもっていたのです。

仏教の開祖、釈迦は人間の老・病・死を見つめるところから自らの宗教を始めました。キリスト教徒は社会正義の実現について神との対話の中で考えました。イスラム教の開祖、ムハンマドは宗教と政治の両側面におけるリーダーであり、このことは政治のもつ宗教性に関して大きな問題提起となっています。

人類文化の「原点」を占めている宗教を、個人の内心の問題としての「信仰」からいったん離れて、文化的・社会的・思想的な「知識」として理解しておくことはどうしても必要なことです。

そしてそれを行なうのが「宗教学」という学問です。

宗教学は信仰の世界に入り、奥義（おうぎ）を究（きわ）めるための学問ではありません。むしろ様々な宗教の教えや習慣を比較や批判の視点をもって分析する学問です。

宗教学は宗教に関する人文・社会科学系の学問を横断する学際的な性格の学問ですから、方法論的には、社会学あり心理学ありと、多様であり、歴史学や哲学にも広がっています。宗教学にはマクロからミクロまで、非常に幅広いデータや思考が濃縮されているのです。

宗教学の扉を開き、この多様性と出会うことは、あなたの世界観に深い影響を与えるはずです。

個人的な信仰とは別の次元において、宗教は文化として社会的な制度として様々な働きをしている——。種々の難問が山積する二一世紀の世界において、宗教学の知見は大いに役立つでしょう。

本書の執筆にあたっては、学説史やフィールドワークなど専門的なテーマにいきなり入り込むことを避け、まずは現代日本人があまり意識しなくなった「宗教」をめぐる多面的なイメージを描き出すことに主力を注ぎました。
また、話を見えやすくするために、仏教やキリスト教など、宗教的伝統の紹介に比較的多くのページを割いています。

本書は平易な書き方をしています。楽な気持ちで読み進めていくなかで、幸運な知的出会いのあることを祈ります。

中村圭志

教養として知っておきたい宗教学

目次

PART I

宗教と宗教学

PART

Ⅱ

世界の宗教

PART

III

宗教学から見えてくること

PART

I

宗教と宗教学

宗教と宗教学

religion and the study of religion

■宗教学の要点

宗教学は宗教ではありませんし、宗教の極意を伝授する秘儀でもありません。私は、初対面の方に五秒で要点を理解していただくために、次のように言うことにしています。

「宗教は信じるもの。宗教学はその宗教を観察し、比較するもの」

あるいは、もう少し長く、

「宗教は教えを信じたり実践したりするもの。宗教学はそんな信者たちの信念や実践を客観的に眺め、宗教ごとの違いや共通点を見ていくもの」

　このように言えば、とりあえず宗教学の基本的スタンスを理解していただけます。さらに、

「宗教は社会や文化の現象です。宗教を文化として客観的に眺めるのが宗教学です。まあ、社会学とか、文化人類学とか、民俗学なんかに近いものですね」

　このように言い添えれば、まずまずの理解が得られるでしょう。

「宗教」と聞くと過激派のテロやカルトの勧誘を連想してしまうという悲しい時代になってしまいましたが、伝統的には、宗教というのはなかなか威信があり、人々から尊敬される営みでありました。

　そういう敬意の感覚は、もちろん今でも残っています。たとえば講演などで、インド建国の父、マハトマ・ガンジーが宗教的な非暴力闘争を訴え、ハンガーストライキなどで抵抗して見事に支配者の英国人をインドから追い払ったという話をする

と、「さすが信仰がある人は違う」といった感服の声が上がります。

ガンジーは伝統的な宗教の熱心な信者だったわけではありませんが、自己犠牲を払ってまで非暴力を貫くという彼の精神は、やはり宗教的なものだったと言えます。

そういう宗教的精神の「崇高性」は、宗教というとテロやカルトを連想する方々にも通じるもののようです。

■信仰と学問の使い分け

そんなわけですから、宗教学者が「宗教と距離を置く」と言っても、宗教を全面的に否定的な目で見ているというわけではなく、単に客観的に見てみようとしているだけなのです。

個人的に仏教やキリスト教といった特定の宗教の信者であるという宗教学者も少なくありません。お坊さんや牧師さんが宗教学者をやっている場合もあります。

その場合、心の中で信仰と学問の使い分けをしています。

自分のプライベートな気持ちとしては仏（あるいは神）の教えを信じている、しかし、自分の職業的立場としては、仏教ともキリスト教とも他のどの宗教とも距離を保ち、どれか一つを贔屓(ひいき)するということはしない、と心に決めているんですね。

もちろん、「とくに信じる宗教はない」という宗教学者もいますし、「神も仏も信じていません」という宗教学者もいます。神様の存在を否定する立場を無神論、宗教の主張に対して眉にツバをつけて聞く立場を懐疑主義と呼びますが、無神論や懐疑主義を標榜(ひょうぼう)する宗教学者も存在します。

■共感をもちつつ批判的に眺める

宗教を観察するといっても、植物や物品のように観察するわけではありません。宗教は人間の営みです。人間の営みを理解するには、やはりそうした営みを行なう人々の状況や心情に対する共感が必要でしょう。

宗教学者も、ふつう、信仰者にある種の共感を覚えています。しかし共感があれば同じ信仰をもつというものでもありません。

共感あるいは敬意をもちつつ批判的に眺めるというスタンスを保持する――それが宗教学という学問の役割です。

宗教学の歴史

history of the religious studies

■宗教学は西欧に始まった

今日の科学／学問の体系は、基本的に近代西欧の編み出したものです。日本も明治になってそれを取り込み、西欧式の「大学」を創立しました。

宗教学もまた西欧の学問体系の一環として始まりました。宗教学が学問としての体裁を整えたのは、一九世紀〜二〇世紀初頭のことだと言えるでしょう。もちろん、他の学問、社会学や心理学や政治学や経済学なども、似たようなものです。

近代以前には、西欧人はどっぷりとキリスト教の教理に浸かって日々を暮らしていました。今よりも教会の権威が非常に強く、クリスチャンではないということは「人間ではない」に近い意味をもっていました。

しかし、西欧人は一六世紀以来世界中に進出し、世界各地の文化に直接触れる経験を重ねました。そうした中で、キリスト教徒ではない中国人もインド人も高度な精神文明をもっていることが否定できなくなりました。

諸宗教の比較研究というテーマが浮上してくるのは当然の流れだと言えるでしょう。

さらに、一九世紀くらいになりますと、自然科学も発達し、民主主義へ向けての政治改革も進んできましたから、神の代弁者として権勢をふるっていた教会の権威もだいぶ落ち目になりました。

そうした中、キリスト教神学の権威を離れた立場で諸宗教を眺めてみようという気運が高まったわけです。

■宗教学か社会学か

宗教学は様々な学問の寄り合い所帯です。

たとえば宗教社会学とは、いったい宗教学の一種なのか社会学の一種なのか、と聞きたくなるかもしれません。

しかしまあ、はっきり言って、そういう質問はあまり意味がありません。

宗教を着眼点として社会の一つの相を眺めていく。それが宗教社会学ですから、それは宗教に関する学問（宗教学）でもあり、社会に関する学問（社会学）でもあるわけです。

ちなみに、社会学は宗教学の歴史において大きな役割を果たしてきました。マックス・ウェーバーという社会学者は、様々な社会の宗教の構造と政治や経済の構造をマクロに比較しました。キリスト教の一派であるプロテスタンティズムの影響を受けた社会、たとえばアメリカや英国などは、社会の近代化や資本主義化との相性がよかった。ウェーバーはこのあたりの歴史的なからくりを論じたことで有名です。

エミール・デュルケムという社会学者もまた、社会というものが原初的に宗教的なものであるという観点から、宗教を論じ、また社会を論じました。

心理学はどうでしょう？　プラグマティズムの哲学者としても有名なウィリアム・ジェイムズという心理学者は、世の中には人生の途中で宗教に熱狂的に「目覚める」人と、そういうことの全然起こらない人がいることに注目しました。両者では世界観が大きく異なっています。仏教とかキリスト教とか、何々教という宗教の違いにもまして、個人心理の違いがあるんですね。心理学の目で眺めることで、信仰の意味はだいぶ相対化されました。

人類学もまた宗教学の大きな柱です。一九〜二〇世紀、先進国のたくさんの学者が、アフリカや太平洋、中南米といった(当時の言い方で)「未開な」社会に乗り込み、その宗教や神話と、文化や社会や人々の心性の構造を調べました。

人類学者が提唱した概念で、今日一般社会によく知られているものに、アニミズムがあります。人類の神々の信仰の土台の部分には霊魂の信仰がある。神を信じない民族でもたいてい霊魂を信じている。

日本の宗教学を語る上で外せないのが、民俗学です。岩手県の遠野に伝わる民間説話を集めた『遠野物語』などの著作でよく知られている柳田國男や、日本の古代文学や古代人の心性の研究で知られる折口信夫(おりくちしのぶ)の名を挙げておきましょう。

こういう研究は、「仏教」とか「神道」とか、はっきりした名前のある宗教以外の、民間信仰、民俗宗教などと呼ばれる微妙な文化に光を当てました。お祭りのときなどを意味する「ハレ」と、日常生活を意味する「ケ」という言葉を社会に広めたのも民俗学です。

というわけで、宗教学という表看板のもとに、宗教社会学、宗教心理学、宗教人類学、宗教民俗学、宗教史学、宗教哲学……が並び立っている、という状況です。

なお、宗教学の各領域についてのもう少し詳しい話は、本書の最後の方にまわしたいと思います。PARTⅢの「宗教学の領域」までお待ちください。

■宗教学はどこまで中立的？

宗教学がキリスト教神学との緊張関係の中で誕生したことはすでに申しましたが、キリスト教の影響を払拭（ふっしょく）するというのは、そう簡単なことではありません。

一九世紀に頂点に達した植民地支配の関係に現れているように、基本的には西欧人は、差別的なまでに「キリスト教文明」の優位を信じていたので、彼らの生み出した社会学や人類学や宗教学なども、そういうバイアスを長らく受け継いできました。

また、「一つの社会には必ず宗教の体系があって、それが人々の生活を律しているはずだ」という考え方そのものが、キリスト教会の社会支配の構図の引き写しだとも言えます。

次項で見ていくように、多くの宗教者は神の観念や教団の教えを「聖なるもの」として崇めています。ここでもし「信者にとってはあれが聖である」と言うだけではなく、「世界には聖というものが実際にあるのだ」と言ってしまうと、「世界には神が実在するのだ」というキリスト教などの神学者の発言に近くなります。宗教学がいつのまにか宗教になってしまう。

キリスト教のバイアスに限りません。日本の民俗学の立場から「日本の庶民はこれこれこういうことを信じてきたのだ」と断言するとき、それはどこまでが客観的事実なのか、どこからが学者自身の信仰的な信念であるのか、かなり微妙ですね。

要するに綱渡りです。宗教学には、偏った思い入れを抱かないようにする、微妙なバランス感覚が常に要求されます。

聖と俗

the sacred and the profane

■宗教は二元論の世界

宗教現象では「聖なるもの」を崇めるという構図が目につきます。これについて詳しくお話ししましょう。

「聖」というのは「俗」の反対であり、多くの宗教が聖なるものと俗なるものの二元的対立の意識を前提として成り立っています。

キリスト教では神がもっとも神聖な存在であり、仏教ではブッダ（仏陀）がそれに当たります。しかし仏教ではブッダという存在よりも、悟りという心の状態の方に注目するところがあります。また、キリスト教では神は人間などの及ばない超絶的な存在と捉えていますが、神道の神々は人間との落差がそれほどありません。

また、宗教によっては、霊魂を説いたり、パワー（パワースポットのパワー）のようなものを説いたりしても、神は出てこない場合があります。

このように、宗教によって、「大事なもの」の観念やそれをめぐる感性が異なります。しかしそれでも、世界が「何か大事なもの（神、仏、霊、悟り、パワー……）」と「日常的なもの」の二階建てでできていると考えるという点では、どの宗教もよく似ていると言えます。

そこで、この、日常を超えた大事なものの観念をひとくくりに「聖」と呼び、日常的なものを「俗」と呼ぶことにするのです。

「宗教とは聖と俗の二元論で成り立っている世界である」

これは、比較的多くの人に受け入れられている考え方です。

前項で申しましたように、ここで、この聖（つまり神のようなもの）を「実際に存在するものだ」と断言してしまうと、そうした立場自体が宗教や信仰のようなものになってしまいます。

聖と呼ばれるものが、本当に聖なる存在なのかどうかは問わないことにしましょう。経験的事実として、宗教家や信仰者と呼ばれている人々は「日常を超えた大事なもの」があると信じている、それを「聖」と名付けておこう、ということです。

■印籠の正体

西洋の名画を見ていますと、雲の上に天使に囲まれてキリストが臨在しているという絵柄がよくあります。天界やキリストからは光が差しており、地上では上から下まであらゆる階層の人間が神の威光に感服している。

まさしく「神降臨！」です。

こういう図柄において、天空にあってピカピカしているのが聖なるものであり、地上の有象無象が俗なるものだというのは、分かりやすいことです。

聖と俗の構図というのは、宗教の違いを超えて、直観的に理解できる場合が多い。

こうした絵を見ていると、私のように昭和時代に生まれた人間は、昔のテレビの時代劇『水戸黄門』を思い出してしまいます。

あるいはご存じかと思いますが、ちょっと説明しておきましょう。

江戸時代、徳川三家に属する水戸家のご老公、黄門様がお供のスケさんカクさんを引き連れて日本全国を巡り歩きます。すると、どこの藩のどこの町に行っても、悪い殿様や悪い代官が悪徳商人とつるんで悪いことをやっている。そして庶民の善人たちをいじめている。

ご老公一行は事情を察して画策します。あれやこれやあって、最後のシーンで黄門様は人々に正体を明かします。スケさんかカクさんが徳川家の印籠（いんろう）を人々の前に差し出すと、善人も悪人も平伏します。そして黄門様が大写しになる——聖なるもののお出ましです。

こういう場面というのは、外国人が見ていても、何が起きているのかピンとくるようですね。このお爺さんは聖人である、正義の味方である、カミサマの代弁者である、ということがよく分かる。

史実としては水戸黄門がこんなふうにお忍びで諸国歴訪することはなかったようですが、仮にもしこのようなことがあったとしたら、徳川時代の人々はきっとご老公をカミと崇めたことでしょう。

ご老公の背後には徳川政権の威光があります。徳川家康は東照宮（とうしょうぐう）の神様ということになっています。東照大権現（だいごんげん）というのですが、半分は神道の神様、半分は仏教の仏様のような存在です。また、徳川家は征夷（せいい）大将軍の家系であるから、天皇の権威を借りております。その天皇の背後にはアマテラスという太陽神が控えています。どのようなルートをたどっていっても、ご老公はカミサマの代理人なのです。

こうしたカミサマはキリスト教の神とは違いますが、聖であるには違いありません。

■「聖」と「禁止」

聖の特徴として、「禁止」によって俗なるものと隔離されるということがあります。スケさんカクさんの印籠による制止がこの禁止にあたります。禁止の一線を越えるのはタブー（禁忌）です。

ちなみに宮中のことを「禁中（きんちゅう）」と呼び、北京にある中国皇帝のお城を「紫禁城」と呼ぶのは、やはりカミサマに近い天皇や中国皇帝が「禁止」によって俗界と隔（へだ）てられているからです。

さて、「聖」であるご老公がお出ましになると、悪代官が懲（こ）らしめられ、世界は善になる。

聖なるものと、真・善・美とは接近したカテゴリーです。真でも善でも美でもあり、そのどれとも異なるカテゴリーとして、とりあえず聖という概念を念頭においてください。

仏教やキリスト教や神道といった個別の宗教を離れて、宗教を横断的に眺めていくには、この聖をめぐる構造を覚えておくと便利でしょう。

回心体験と信仰

conversion and faith

■「回心」と「改心」

「回心」という言葉をご存じでしょうか。「改心」ではありません。「改心」は道徳的に「私が悪うございました」と反省して心を改めることです。「回心」とはそれまで神様仏様を信じていなかった人が、心の向きを一八〇度回転させて、神様仏様のほうを向くようになることです。つまり宗教に目覚めること、信仰を得ること、聖と俗の世界観を受け入れることです。

回心を英語で言えばconversionとなります。conversionとは改造のことであり、それまで軍用機であったものを民間機に改造したりするようなときに使います。思想レベルでの「改造」についても用いられ、たとえば左翼から右翼に「転向」するときも、conversionと言います。

これが宗教ですと、今述べたように、無宗教から信仰へと「回心」するときにも用いられますし、ユダヤ教からキリスト教へ、キリスト教から仏教へ、キリスト教の中でもカトリック信仰からプロテスタント信仰へと、宗教や宗派を変えることもconversion となります。この宗旨替えもまた、日本語では「回心」です。

要するに世界観が大きく変わることです。

ちなみに、新しい宗教的世界観に目覚めたとき、それまでの人生を反省して「改心」することもあるはずです。「回心」して「改心」する、と。たとえば、泥棒人生を送っていた人が、あるとき、人を人とも思わぬそれまでの人生から足を洗いたいと思い、お寺や教会に飛び込むとします。「回心」であり「改心」ですね。

■パウロと「目からうろこ」

この本の親本のタイトルは『面白くて眠れなくなる宗教学』ですが、他に「目からうろこの宗教学」なんて本だってどこかにありそうです。それまで理解できなかった宗教や宗教学の世界が、目の曇りがとれたように、スカーッと分かるようになったとすれば、それはたいへん優秀な宗教学の教科書ですね。

さて、この「目からうろこ」ですが、これは実は「回心」という言葉とエピソード的に関係しています。

それはキリスト教の歴史における重要なエピソードです。キリスト教史についてはPARTⅡで扱いますので、今は「なんとなく」という感じで聞いてください。

今から二千年ほど前のこと、ユダヤ教という宗教からキリスト教という宗教が派生しました。キリスト教の開祖、イエス・キリストは、ユダヤ教徒として生まれました。そのキリストを救世主と崇める信者の集まり、つまりユダヤ教のキリスト派の人々が、のちにキリスト教徒と呼ばれるようになったのです。

さて、ユダヤ教の熱心な信奉者であるパウロという人物がいました。彼はキリストを崇める新興宗教は怪(け)しからんと思い、その信者たちを迫害して回っていました。

しかし、あるとき、彼は光に打たれて乗っていた馬から落っこち、他ならぬキリストの声を聞きます。キリストはとっくの昔に死んでいましたから、これは「霊的な」声ということになります。信者であれば、天なるキリストから発せられた声を聞いたと解釈するでしょうし、世俗的な立場からは、これはパウロの心理的な現象

――幻聴のような――だということになるでしょう。

さて、パウロはキリストの「なぜ私を迫害するのか」という声を聞いて、ショックを受け、三日間目が見えなくなります。そのあと、「目からうろこのようなものが落ちて」目が再び見えるようになります。そのときには、パウロはもう立派なキリスト信者になっていました。

つまりキリストを信じない立場から信じる立場へ、あるいはユダヤ教の非キリスト派からキリスト派へと「回心」ないし「転向」したわけです。

今日、クリスチャンではない日本人も「目からうろこ」などと気楽に言いますが、その場合、うろことは精神の目を曇らせる認識上の障害物のようなものを指しているようですね。

■回心体験の有無

回心とは世界観の一大変化のことです。ものの見方が大きく変わる。そのさいに、転換のレバーを引く象徴的な転轍手（てんてつしゅ）のようなものとして、キリストの声のような聖なるものが顕現（けんげん）します（少なくとも当事者の心理の中で）。

ユダヤ教であれ、キリスト教であれ、大勢の人々の信念に支えられた巨大な精神的機構です。いわば、その精神的な重みが聖という光を放つのかもしれません。

宗教を論じる上で、聖と並んで、この回心というのが重要なポイントとなります。といいますのは、この回心体験をもった人の宗教的信念は、一般的に確信度が高く、いかにも「信仰」の世界を代表しているように見えるからです。

英語圏には born-again（二度生まれ）という言葉があります。欧米人の多くはキリスト教徒ですが、それは子供時代に洗礼を受けたからクリスチャンに数えられるというだけのことであり、実際にはたいして信仰心のない人などいくらでもいます。日本人の多くは仏教徒のはずですが、「実際の信心となると、かなり怪しい」という人が大半でしょう（いわゆる「葬式仏教徒」——葬式のときだけの仏教徒——です）。それと同じです。

そんな中にあって、大人になってから人生に悩んで、改めてキリスト教（あるいは仏教でも何でも）に目覚めたという人がいます。母の胎（たい）から生まれ、大人になって「回心」によって信者として再び生まれる。ボーン・アゲイン、二度生まれるのです。

ところで、宗教心理学の先駆者、ウィリアム・ジェイムズには、『宗教的経験の諸相』という名著があります。その中でジェイムズは、回心体験があるかないかは、人間のタイプによると論じました。

人生を悲観的に捉える人は、苦悩の末に回心して宗教に目覚めることがある。しかし、もともと楽天的で、そのようなドラマティックな人生と縁のないタイプの人もいるとジェイムズは言います。そしてそういう人も、そういう人なりに神様を信じている。

回心は宗教にとって大事な要素の一つですが、回心のあることばかりが宗教にとって大事なのではないかもしれません。まったく人それぞれだということです。

神と仏

gods and buddhas

■カミサマという要素

「カミサマを信じるのが宗教である」というのが、世間一般の通念ですが、これは必ずしも真ではありません。仏教ではブッダ（仏）ですし、仏よりも「悟り」に焦点が置かれているようにも思われます。また、アニミズムの世界では、神とも仏ともつかない、曖昧な霊や魂がいろいろとあり、それらの信仰のほうが歴史的には古いとされています。

そんなこともあって、宗教学ではそこのところを曖昧にして「聖」という幅広い概念を用いるほうが便利だ、ということもすでに二八頁で説明しました。

■日本の宗教的伝統は二本立て

西洋人は基本的に、キリスト教徒であればキリスト教だけ、ユダヤ教徒であればユダヤ教だけ、イスラム教徒であればイスラム教だけを奉じます。

しかし、東アジアの流儀では、「宗教」と呼ばれるものを複数同時に信仰するのが普通です。たとえば、中国人の多くは儒教と道教と仏教をチャンポンにして奉じている。

日本の場合は、仏教と神道の二本立てです。宗教の統計をとると、日本では檀家(だんか)さん（仏教の信者）が一億人、氏子(うじこ)さん（神道の信者）が一億人で、合わせて二億人の人間が日本列島に住んでいることになる、なんて話もあります。

言うまでもなく、神道における信仰の対象はカミ（神）であり、仏教における信仰の対象はホトケ（仏、ブッダ）です。

カミとホトケが区別されるのは、二つの宗教の用語法の違いですから、別に不思議なことではありません。

しかしそれでも、キリスト教の神、イスラム教の神、天理教の神、古代エジプトの神、アステカの神……と世界中の「神」を数え上げていって、仏教の崇拝対象だけが「神」ではなく「ホトケ」という別の語で呼ばれるというのは、なんだか奇妙な感じもしないではない。

いったい、ホトケは神なんでしょうか、神ではないんでしょうか。

■ホトケ＝ブッダの歴史

語源の話からしましょう。

ホトケという大和言葉はインドの言葉のブッダに由来します。ブッダを漢字で書くと仏陀となりますが、現代中国語ではフォトゥオという発音。これが古代にはポトとかプトに近い発音でした。それを聞いた古代日本人が、接尾辞ケを添えてポトケという大和言葉をつくりました。ケの意味ははっきりしませんが、「気」であるとか美称であるとか推定されています。

では、このブッダとは本来どういう意味かというと、これは仏教の開祖である釈迦が悟りをひらいたときの称号です。インドの言葉で「目覚めた者」という意味のブッダがお釈迦様の称号となった。「目覚めた者」とは「悟った者」という意味です。

というわけで、ブッダとは本来、神ではなくて人間を指す言葉でした。

ただし、人間とはいっても、厳しい修行に耐えて悟った人間です。そうした悟りを得ることは大変にすごいことであり、ほとんど奇跡的なことである、と、釈迦の弟子たちは考えました。

弟子たち、孫弟子たち、ひ孫弟子たち……と世代を下るにつれて、開祖のブッダ＝目覚めた者＝釈迦は徐々に神格化されていき、ついに神（ゴッド）と同じような超越的な存在と理解されるようになりました。

つまり、こうです。

宇宙には真理の核心のようなものがある。そうした真理が宇宙的ブッダという人格的存在となって、宇宙全体に鎮座ましましている。この目に見えないブッダが人々の救済のために地上に出現した姿が、仏教の開祖、釈迦なのである。

ざっとこんなふうにイメージされるようになったのです。

さらには、ブッダは宇宙中に（阿弥陀仏とか薬師如来とか）複数の姿で出現可能であると解釈されるようになり、仏教はたくさんの神的ブッダを崇める多神教の様相を呈するに至りました。

ですから、ブッダ（＝仏陀＝仏＝ホトケ）という概念には、人間と神（宇宙の真理）の両方にまたがるような、アクロバット的に幅広い意味合いが込められているのです。

■神の意味は様々

私たちは仏教のブッダを「神」のカテゴリーに入れて捉えてかまわないでしょう。しかし同時に、ブッダには「人間が修行をして悟りを開いた存在」という意味合いがあることを忘れるわけにはいきません。

日本人は中国経由で伝わってきたこんな不思議な存在であるホトケ様を受容しました。そして土着の神道のカミガミと並行して拝んできました。

古代の神道では、驚異的なパワーのある存在を何でもカミと呼びました。猛獣もカミ、天皇もカミです。今日でも奈良県の三輪山のように、山そのものがご神体となっている神社があります。神道のカミには大自然の驚異の象徴のようなところがあります。

カミとホトケの間には歴史的交流があります。古代において、神道のカミガミは仏教のブッダの化身だという教えが生まれました（ちなみに、化身のことを「権現（ごんげん）」と言います。権現はインド語でアヴァターラと言いますが、ネットの世界でいうアバター〈avatar〉〈化身〉の語源となっています）。

では、キリスト教やイスラム教の神は？　こちらは天地を創造した神様ということになっています。宇宙にたった一つだけの存在であり、「唯一神」と呼ばれます。ユダヤ教、キリスト教、イスラム教は、PARTⅡで詳しく説明するとおり、互いに親戚関係にある宗教ですが、いずれも唯一の天地創造神を信仰する「一神教」です。

「一神教」の反対が「多神教」。神道はアマテラスやスサノヲやオオクニヌシといった八百万（やおよろず）の神々がいらっしゃる「多神教」です。仏教のホトケも複数数えられますから、多神教に近い状態だと言えます。

このように、神様の概念もなかなか複雑です。

日本人と宗教

Japanese religious attitude

■日本人は無宗教!?

「私は〇〇教徒です」

日本人は自ら「無宗教」と考えることが多いようです。アンケートなどでもそのように答える人が大勢います。

たしかに現代の日本人は、「南無阿弥陀仏」と「南無妙法蓮華経」のどこが違うかも分からない人が多いし、葬式以外には仏教の行事にかかわることのない人も多い。

ただし、これにはたくさんの但し書きが必要です。

第一に、日本や中国の「宗教」は複数が並び立ち、信仰の実体はチャンポン状態です。こういう状況では、人々は「私は〇〇教の信者である」と自覚しにくいですね。英国人であれば、実際の信心はほとんど無いに等しいとしても、「私はクリスチャンです」と答えやすいでしょう。

本気で神を信じている英国人やフランス人の割合はかなり低いと、統計などに現れています。しかしそれでも彼らは、自分はキリスト教に属している、と自覚できます。とくに、イスラム系移民などとの緊張関係を意識しているときにはそうですね。

しかるに、日本の宗教はチャンポン状態ですから、特定の教団に意識的に属している教団員以外の人にとっては、「自分の宗教」は何教であると自覚しにくいのではないでしょうか。

ちなみに、神を信じたり、宗教施設に通ったりする人の割合が圧倒的に高いのは、先進諸国ではアメリカです。アメリカ合衆国の国民は、先進国の市民としてはまったく例外的に信心深い。英国人とアメリカ人はいろいろと似ていますが、英国人はあんまり宗教的ではなく、アメリカ人は宗教熱心だというのが面白いですね。

こうした違いの背後には、政治的な歴史の違いがあります。英国を含むヨーロッパでは、市民社会がキリスト教会の精神的・政治的支配を抑制して国家を作り上げていったという意識が強いので、知識人を中心に教会離れが進んでいます。

しかし、アメリカでは、広い大陸を開拓し独立の国家をつくる過程で、教会が市民にとっての拠り所となりました。教会に対して怨みがない。むしろ教会こそが社会の求心力であり、信奉が篤かったのです。

宗教の力学を考えていく上で、宗教の教理や神仏への信仰ばかりに注目していては見えない現実があります。それは社会集団の連帯意識とか、政治的な団結の問題です。

■「霊」を信じる日本人

「宗教」という日本語には、少々問題があります。そもそもこれは明治期にreligion の訳語として登場した言葉です。だから人々の間でなんとなく馴染みが薄い。

日本語の「宗教」は、生活に生きている言葉というより、学問や政治のタームという感じがします。カタイんですね。だから、「あなたの宗教は?」と聞かれても、構えてしまうわけです。

日本人は「宗教」と聞かれると否定的な反応をしますが、「霊を信じるか」となると、イエスと答える人が多い。神や教えよりも霊魂を重視する文化をアニミズムと言いますが、日本文化はアニミズム的なところがある。

また、日本人は、宗教に関心がないというわりには、葬式にたっぷりと金をかけます。世界的に見ても、日本人の葬式の出費は多い。ふだん、お寺の行事などに参加しないかわりに、葬式ないし法事に仏教の営みをすべて集約しているかのようです。

さらに、正月三が日の神社仏閣への参詣者の数も非常に多い。明治神宮などに数百万の人出がある様子を動画にとって外国人に見せたら、メッカ巡礼にも匹敵するその混雑ぶりに、日本人はけっこう宗教熱心だと思われるかもしれません（実際そう思って新聞に投稿した外国の方もいます）。

日本人にしてみれば、正月の参詣は「習俗」であって「宗教」ではないのですが、しかし、その「宗教」の概念に偏りがあるのです。

■儀礼中心の宗教文化

日本の宗教ではもともと教理よりも儀礼を重んじる傾向がありますが、この儀礼の部分が独立して、茶の湯や華道のようなお稽古事の伝統を形成しています。さらに柔術、剣術のような武道においても、歌舞伎や能のような伝統芸能においても、精神的に意味づけられた儀礼を重んじますし、俳句や短歌においても、集団で添削しあい、みなが共有できる意味を探していくという、宗教的な修練のような営みがあります。

しゃっちょこばって「はい」と挨拶し、互いに深々とお辞儀をしあう日本人の動作は、外国人にはたいへん宗教的に見えます。

要するに、日本文化においては、宗教がお寺や神社を離れて日常生活に分散して儀礼化している傾向が強いわけです。

だから日本人は宗教的でないように見えていて、隠れ宗教家めいたところをもっています。

死者を清めてあの世に送り出す納棺師を描いた映画『おくりびと』が、アカデミー外国語映画賞を取るなど、国際的に高く評価されました。これなどは、仏教でもない、神道でもない、キリスト教でもない、儀礼の宗教としての日本的精神世界をうまく描いたものではないかと思います。

儀礼を重んじるのは、儒教の教えでもあります。日本人の儀礼好きには、儒教の影響なども大きいでしょう。

死のもつ宗教的意味合いに関しては、現代日本には「死生観」を盛んに語りあう知的伝統があります。「宗教」には不熱心だが「死生観」談義は大好きなのです。

「日本人は無宗教か？」という問いに対しては、こう答えるべきかもしれません。日常生活に溶け込んだ儀礼文化にまで目をむけるならば、案外と日本人は宗教性が高いと言える――と。

キリスト教は神学にやかましく、イスラム教は戒律(かいりつ)にやかましく、「日本教」（？）は儀礼にやかましい。宗教・文化ごとの強調点の違いは、なかなか馬鹿にできないのです。

葬式

funeral

■葬式というシリアスな行事

日本人は全体として仏教、神道、儒教、道教、民間信仰……と様々な宗教の影響を重層的に受けており、信仰的にはまさにチャンポン状態です。結婚式はキリスト教会で挙げ、家を建てるときは神主さんに祝詞（のりと）をあげてもらい、葬式は仏式で、という使い分けをしている方がかなりたくさんいるでしょう。

まるで和食・洋食・中華を交互に食べているような感じです。

さて、改めて考えてみますと、宗教行事として最もシリアスな意味をもっているのは葬式かと思われます。

結婚式は人生最大のハレの舞台ですが、これは宗教行事というよりも自己演出の場と心得ている人も多い。お祓（はら）いは人生の節目節目で何度も行なわれます。しかるに葬式ばかりは一生に一度きりです。死のもつ意味はやはり大きい。遺族の方も友人一同も極めて厳粛な気持ちで儀式に臨みます。

仕事に追われる現代人ですが、親族や大事な知人の葬式の場合には、他のあらゆる業務をすべて放り投げ、お通夜や告別式に参列することが許されます。この無条件性、絶対性が、いかにも宗教的です。

■霊魂の不滅とは？

葬式にはどのような意味があるのでしょうか。

これは故人とのお別れの場ですが、宗教的にはたいていそれ以上の意味が込められています。

ほとんどの宗教は死者の霊の存在を認めています。

キリスト教であれば、この死者の霊が神の前に向かう。そのあとの行き先は天国、地獄、煉獄など様々に言われています。

仏教であれば、人は次の生へと転生します。キリスト教と違って、一挙に天国に行って「上がり」となることはなく、次の生を終えるとまた次の生に向かうことになる。次々と続く生の転変を輪廻転生と言います。実は、浄土宗や浄土真宗といった宗派では、死者は阿弥陀仏の領土である極楽世界へと行くとされます。極楽世界に向かうのも輪廻転生の一バリエーションとお考えください。

とりあえず押さえておいてほしいことは、これらの宗教は死後の霊魂の存在を前提としているということです。ですから、葬式は霊魂の「旅立ち」のお見送りという形式で行われます。そして読経したりみなで祈ったりすることが、霊魂の旅行にとっていい結果を及ぼすと考えられています。

これはもちろん、科学的な話ではありません。遺族は本気で死者の霊に語りかけているのかもしれませんが、会葬者の中には「死後は灰になって無になる」と唯物論的に考えている人もきっといることでしょう。聖職者も含めて死んだ体験のある人はいないのですから、死後のことを確証をもって言える人はどこにもいないはずです。

ですから、葬式が前提としている「死者の霊の存在」は限りなく「バーチャル」なものだと言えます。つまり、論理的にはほぼ仮想のものではあるが一種の現実として流通しているもの、です。

■社会的理由と経済的理由

このバーチャルな前提の上に人々が集まるとき、葬式はまた別種の機能も果たすことになります。

第一に、社会的な理由があります。故人は生前、多くの人と交わり、お世話になったりお世話をしたりしています。大勢の人のつながりの中で生きているのが人間ですから、関係者の全体が集まって死の認識を共有する必要があります。昔は、葬式は村内・町内を挙げて行われました。それは村や町の社会的な営みの一環であったわけです。

第二に、葬式は寺院への経済的支援の機会でもあります。お寺には檀家というものがあって、檀家の奉仕によってお寺が経営されます。教会は信者さんたちの寄付で運営されますが、お寺の場合はお布施(ふせ)です。観光客が落とす金で経営できる寺は一部の有名な寺に限られます。

つまり、檀家が経済的に支援することのできる大きな機会の一つが葬式や法事だというわけです。「お布施」は葬儀への対価ではなく、寺院のための支援なのです。寺院を支援する必要があるというのは、あくまで檀家さん個人の判断です。仏教の思想や修行の意味を認め、文化財としての寺院やお祭り・行事の存続の意味を認めることができれば、自発的に応援したくなるでしょう。

これは商品の売買の論理ではなく、チャリティや寄付の論理です。

ちなみに、今日、お坊さんにお経を読んでもらう葬式や法事を敬遠される方が増えていますが、それは基本的に、一般市民にとって仏教の存在意義が見えなくなってきているからだと思われます。霊魂の存在はなんとなく信じているが、僧侶の読経が霊魂にとって役立つという教えは信じられないという人は多いでしょう。そして文化財としての寺院を保持しなければならない理由も分からない。そもそも仏教の教理が分からないのだから、その存在意義も分からないわけです。

■宗教的な営みの重層的な意味

宗教離れしている日本人にとっての最大の宗教的行事である葬式を例にとって説明しましたが、このように、宗教の営みというのは現世において多様で多重的な意味をもっています。霊的な意味もあるし、社会的な意味も経済的な意味もある。

古い社会では教会や寺院は地域コミュニティの社会的中心でもありました。神社の祭礼が、町内の結束や経済的な意味での「町おこし」に役立っていることは、皆が知っていることです。教会では日曜ごとに人々が集まってキリストを記念する行事（聖餐（せいさん）式とかミサとかと呼ばれる）を行ないますが、これもまた、ヨーロッパやアメリカの田舎ではコミュニティの人々の交流と情報交換の場として役立っています。

祈り

prayer

■サンタさんへのお願い

祈りという行為にはいくつかの意味合いがあります。最も原始的なレベルでは、祈りとは、魔術的に何かいいことが起こるように心に念じることです。

インドの最も古い聖典であるリグ・ヴェーダには、様々な神々への祈りが並べられていますが、中には次のような面白い文句もあります。

われこの草を掘る、最も力強き植物を、
それにより恋敵を克服し、それにより夫を占有する草を

(辻直四郎訳、『リグ・ヴェーダ讃歌』、岩波文庫、三七三頁)

薬草を煎じて恋の妙薬をつくるときの呪文ですね。

このレベルでは祈りも呪文も大差ありません。

強いて違いを言えば、祈りであれば神や霊にお願いする形をとるが、呪文であれば「開け、ゴマ！」のように自動的に機能する、というあたりでしょうか。

子供たちがクリスマスプレゼントのことでサンタさんにお願いするのは祈りに近いが、流れ星が落ちる前に願い事を言うのは呪文に近い？　……そうやって区別してもあまり意味はなさそうです。

■上級者の祈り

キリスト教とか、よく知られた大宗教の「祈り」はもっと倫理性の高い、高尚なものです。たとえば聖書の中に書かれた、「主の祈り」という、キリスト教の標準的な祈りを見てみましょう。

天におられる私たちの父よ
御名が聖とされますように。

御国が来ますように。
御心が行われますように
天におけるように地の上にも。
私たちに日ごとの糧を今日お与えください。
私たちの負い目をお赦しください
私たちも自分に負い目のある人を
　赦しましたように。
私たちを試みに遭わせず
悪からお救いください。

（「マタイによる福音書」6章9〜13）

この祈りの文句の特徴は、神様に対して実質的に何もお願いしていないことです。

前半では神様の御名、御国、御心に関する願いを述べていますが、これは願いというよりも、世界の中心は神よ、あなたですと信仰告白している文でしょう。

真ん中で「日ごとの糧」――つまり日々のパン――をお願いしていますが、あまりにも基本的で普遍的なお願いです。恋敵の退散といったプライベートな話ではない。

最後のほうでは「赦し」や「救い」を願っています。こちらも願いというよりも誓いのようなものです。つまり、私たちは他人を赦します、私たちは誘惑に負けません、という誓いです。

このように、キリスト教の祈りは、物品や福徳のおねだりではなく、神様の礼賛であり、神様への誓いとなっています。

もちろん、信者がこの祈りの文句を唱えつつ何らかの現世利益を願うということはあるでしょうが、文言としては現世利益的な内容をもっていません。

イスラム教徒は毎日五回の礼拝を欠かしません。そのときの祈りの文句もアッラーの礼賛です。お願いというよりも、神の意にかなう生活を送るという誓いのようなものです。

慈悲あまねく慈悲深きアッラーの御名において

称賛はアッラーに帰す、諸世界の主に
慈悲あまねく慈悲深き御方、
裁きの日の主宰者に。
あなたにこそわれらは仕え、あなたにこそ助けを求める。
われらを真っすぐな道に導き給え、
あなたが恩寵を垂れ給うた者たち、（つまり）御怒りを被らず、迷ってもいない者たちの道に。

（中田考監修『日亜対訳クルアーン』作品社「開端」）

■自己中心から神仏中心へ

このように、大宗教の祈りの文句は、神の礼賛や神への倫理的な誓いとなっています。というのは、大宗教はどれも、信者に自己中心からの脱却を促す教えをもっているからです。

宗教の世界観によれば、自己とは対極的な位置にあるのが神仏です。宇宙が自分を中心に回っているのではなく、神仏を中心に回っていると考えてみれば、天動説が地動説に変わったくらい世界観がひっくり返ります（ひっくり返しが劇的に起こる「回心」については三四頁で説明しました）。

仏教の念仏もまた、自己中心からの脱却を唱えるものです。「南無阿弥陀仏」とは「阿弥陀ブッダに帰依します」という意味です。阿弥陀様が世界の中心ですよ、すべては阿弥陀さま本位で考えますよ、と唱えているわけですね。たいへん短いものですが、キリストやアッラーへの祈りの文句と趣旨は同じです。

仏教は多様性の大きな宗教で、阿弥陀のようなブッダを信仰する宗派もありますし、坐禅をやって無念無想になって自ら悟りをひらこうとする禅宗のような宗派もあります。しかし、いずれも自己中心からの脱却を図るという目標は同じです。

なお、今の話と矛盾するようですが、実は、大宗教でも、自己の利益を願う「現世利益」の祈りのようなことも行ないます。

信仰治療と奇跡

faith healing and miracle

■呪術と信仰治療の世界

一般的に、宗教には倫理的なレベルと呪術的なレベルがあります。

倫理的なレベルでは、神仏への信仰を通じて、あるいは坐禅や滝行のような修行を通じて自己中心の心を改めようとします。

呪術的なレベルでは、招福（いいことを招く）、除災（悪いことが起きないようにする）の両面における魔術的な祈願を行ないます。

たとえば絵馬とよばれる小さな板に合格祈願の文言を書いて、神社に納めると、神秘的な働きにより受験に合格するとか。お寺で厄除けの加持祈禱（かじきとう）をしてもらうのも盛んです。

日本では「お高くとまって」愛のような高尚なお説教ばかりしている感じがするキリスト教でも、世界的に見れば、病気治し（信仰治療）などの呪術（マジック、魔法）を行なっています。たとえばフランスのルルドの泉には病気治しの力があるとされ、世界各地から何十万人という信者が集まっています。

そもそも開祖のイエス・キリストが中風、皮膚病、歩行困難、盲目、婦人病などを癒やして村々を回っていたと福音書に描写されています。開祖に治癒のパワーがあるのですから、開祖の名によって祈れば、現代の信者の病気だって治癒する可能性がある、と信じる人もいるでしょう。

■思考の極限にある宗教

宗教というのは、聖なるものの力を信じるものです。

こんなふうに考えてみてください。

人間が想像力や推理力を駆使して、「世界はこのようなもの」と思い描くとします。しかし、あくまで人間のやることですから、そうした思考の産物が絶対とは言えない。この人間の思考の限界を突き破ったところに、ひょっとしたら神仏の働きが現れるかもしれない。人間の思考よりも神仏の能力の方が一枚上手だ、と考えるのが、信者の思考です。

さて、こうした思考は、「人間よ、奢（おご）るなかれ」という方向に進めば、自己中心の脱却という倫理的な教えとなります。

他方、「神仏にできないことはない」という方向に行けば、病気治しを含めたあらゆる奇跡の顕現となります。

倫理的な教えと奇跡信仰とは、ある意味で正反対の方向を向いていますが、聖なるものの力という思考は、この両方向を生み出すという思想的アクロバットを演じているのです。

どんな宗教も、矛盾した両方向の戒めをもって信者を導いています。

たとえば、病気の信者に対して、神父様や牧師様が、「病気は神があなたに与えた試練です。神にすべてを委ねなさい」と言います。つまり、病気が治らなくても、なお神の遠大な計画を信じなさいと導くわけです。

その一方で、やはり神の奇跡によって病気が治ることは嬉しい。そういう奇跡があれば、やはり神のお計らいでしょう。

ここで「神様はいったい私の病気を治してくれるのか、くれないのか！」と詰め寄るようでは、信者としてはイマイチということになるでしょう。

信仰の達人ともなれば、病気が治ったら感謝、治らなくても、なお感謝ということになるもののようです。仏教風に言えば、「悟って」しまうんですね。「安心立命」とも言います。自己の有り様をプラスにもマイナスにも達観できてしまう境地です……。

■信仰治療は可能か？

ところで、そもそも祈ったり、患部に手かざししたりすることで、病気が治ったりするものでしょうか。あるいは神仏への礼拝を欠かさないことで、人生の運が開けるなどということがあるものでしょうか。

宗教団体によっては信仰治療の霊験あらたかであることを宣伝しているところもあります。教団のパンフレットには、医者が見放した病気が治ったと証言する元患者＝信者さんたちの感謝の言葉が並べられています。

そうした証言は、科学的・統計学的には無意味なものです。教団に通うことで病気が治らなかった人は単に教団から去っていくだけでしょうから、「治った」という証言だけでは何の統計的な意味ももちません。それに「治る」という意味がたいてい定かではない。短期的に快方に向かっただけかもしれない。

人間というのは不思議なもので、悪化するはずの病気が快方に向かうなんてことはしょっちゅうあります。神仏の奇跡があってもなくても……。

医薬品にもプラシボ効果というのがあります。本物の薬だと思って服用すれば、小麦粉でも治療効果の上がる人が出てくる、というものです。人間は精神的な生き物であり、心身相関に関してはまだまだ分からないことが多い。まさに「病は気から」で、精神の状態が身体の状態に影響を与えることもあるのです。

たしかに「病は気から」という要素があるから、信仰治療だって、ある程度であれば、あながち不可能ではないかもしれない。しかし、まさに「病は気から」なのであるから、癒やしの効果は神仏の独占的な働きというわけでもなさそうです。宗教とは無関係に、気のもちようで癒やされる人だっているだろう、ということです。

■呪術と人間

私自身は、一部の宗教団体が謳う奇跡の類が、科学的・統計的な意味で「実証」される日がくる可能性は限りなくゼロに近いと思っています。つまり、奇跡は無い、と。

むしろ皆さんにお薦めしたいのは、病気治療という特異な局面を離れて、一般的に、世の中の人々がどの程度「マジカルなもの」を信じているか、冷静になって観察することです。

科学的ではない信念を抱くのは、人間の常です。ビジネスの挑戦や政府の政策、日常的な人付き合いや結婚相手を見つけるなどというのでも、希望的観測をしたりジンクスを信じて行動している人はザラにいることでしょう。

仏教の修行者に言わせれば、未来のことを語るのはどこか妄想的です。なるほど、未来の計画を立てることにはすべて何パーセントかの非科学的信念が混じっていますよね。

つまり、非科学的というのは「宗教」だけの特質ではないのです。そういう全体的展望の中に宗教団体の奇跡信仰を位置づけてみることも必要だと思うのです。

宗教と宗教団体

religion and religious organizations

■宗教という幅広い文化

宗教について一家言ある方は、えてして宗教の一面だけを見て語る傾向があります。

たとえば、宗教家の高邁(こうまい)な振る舞いに感服した人は、宗教とはすばらしいものだと言います。

逆に、カルトや排他的な教団の迷惑をこうむった人は、宗教は危険なものだと言います。

こういう人は、たいてい、宗教には本質的な核の部分があって、その核の部分がいいとか悪いとか言っているわけです。ですから、宗教の本質が善だと信じる人は、宗教どうしで紛争が始まっても「それは宗教の本質ではない」と言いますし、宗教の本質が狂信だと信じる人は、たとえ宗教の信者が様々な善行に励んでいても

「そんなものに騙されないぞ」と考えます。

しかし、宗教というのは、「社会」や「国家」や「文化」や「文明」と同じくらい幅広いものなのではないかと私は思っています。日本軍がアジアで蛮行を働いたからといって「日本国家の（日本文明の）本質は悪だ」などと言われたら、日本人としては心外でしょう。

では、かつて十字軍でイスラム社会で蛮行を働いたり、魔女狩りで無垢な女性を火あぶりにしたりしたキリスト教に対して、「本質的に狂信的なものだ」と判断をくだすのはいかがなものでしょうか。日本人もまたキリシタン取り締まりの際には極めて残酷な刑で臨みました。昔の人は宗教の名によろうとよるまいと、残虐さにおいてははるかに大胆だったことを忘れるわけにいきません。

逆にまた、宗教をめぐる紛争を、宗教の内実とは無関係の付帯的なものだと片づけることもできない。魔女狩りであれ、イスラム過激派のテロであれ、キリスト教なりイスラム教の教理が微妙にからみあって生じた（生じている）現象です。

善い部分も悪い部分も複雑なネットワークをなしているのが「伝統」や「歴史」というものであり、宗教もまた、そのような伝統だと考えるべきでしょう。

■個人的信仰のレベル

マスコミが「宗教」を取り上げるときは、たいてい宗教法人の資格をもつ宗教団体が何か不祥事を起こしたときです。ですから紙面・誌面に見る「宗教」の文字は集団や組織を表すことになります。

ですから、人々も「宗教」を語るときには、教団の意味で語ることが多い。

しかし、「宗教」は社会組織のレベルとは異なる次元に広がっています。

一つは個人の内心のレベルです。いわゆる信仰です。これは教団や組織の教理とは必ずしも一致しません。そりゃそうでしょう。個人がいくら忠誠を誓ったとしても、個人と集団とが思想内容においても利害においても一致するはずがありません。教団の内部にも、いろいろな人がいます。

教理の理解も様々です。「極楽に往生する」といったとき、本当に宇宙のどこかに極楽という小世界があって、そこに死後にワープすると思っている人もいるでしょうし、極楽とは信心における心の状態だと割り切っている人もいるでしょう。

神様についても、（日常生活に想像力を限定している）一般民衆の理解、（抽象的な形而上学の考え方をする）神学者の理解、（神の意にかなう善き社会の実現を目指す）

社会活動家の理解、（宇宙創生などをめぐっての）自然科学者の理解は、みな異なるでしょう。

■宗教的な文化のレベル

「宗教」を語る上でもう一つ大事な次元は、社会や文化に漠然とひろがる習慣や観念のレベルです。

たとえば、国語辞典には「神」「仏」「霊」「魂」「天」「悟り」「信仰」「救い」「気」といった宗教的な言葉が並んでいます。これは日本語を用いる者の共有財産としての宗教的語彙です。特定教団の信者も非信者も、こうした言葉を共有財産としてもっており、そうした言葉の運用の仕方を知っており、それにまつわる故事などもある程度知っています。そういう宗教的ボキャブラリーの空間の中に生きているわけです。

ボキャブラリーだけではありません。お辞儀の仕方、挨拶の仕方、神社ではパンパンと手を打ち、お寺では数珠(じゅず)をこすりあわせるといった所作、坐禅や写経をすると精神にいいらしいという漠然とした理解なども含めた習慣的思考や習慣的行動の全体が、一つの文化的空間をつくっています。

こういうのもまた、「宗教」の空間です。漠然とした希薄なものかもしれませんが、こうした基盤があるからこそ、同じ文化空間の中で息をしている人間が、何かした拍子にもっとシリアスな形で信仰だの教理だのに触れてみようかなと思うのです。

欧米人であれば、これはキリスト教的な語彙と習慣の空間となっています。神を信じていない人でも、「ゴッド」と聞けばキリスト教的な意味合いでこの語を受け取ります。

中東の人であれば、それがイスラムの空間ということになります。イスラム圏に暮らしている人のすべてが熱心にアッラーを拝んでいるわけではありません。礼拝もしないし、戒律も守らないイスラム教徒なんて無数にいます。それでも、そこにはコーランとイスラム法の文化的空間が広がっています。

もちろん、欧米人のすべてがクリスチャンではなく、中東の人間のすべてがイスラム教徒ではありません。日本人のすべてが仏教と神道の混合した宗教的語彙に生きているわけではない。クリスチャンもイスラム教徒も東南アジア系のテーラワーダ仏教徒もいます。

細部を見ていくと、複雑な様相を呈しています。

そういうことは百も承知で、マクロに見た場合の、宗教的語彙と習慣の文化的空間というものに思いをはせることも重要だと私は思います。

■信仰と教団と文化

というわけで、これはあくまで便宜的な指標にすぎませんが、宗教について考えるにあたっては、個人的信仰のレベル、組織や教団のレベル、文化的な語彙と習慣のレベルを分けて考えることが大事なのではないでしょうか。

「宗教を信じません」と言う人が、傍目（はため）にはその社会の宗教的通念の影響を受けて行動しているように思われることは珍しくないからです。

PART II

世界の宗教

八つの宗教

eight world religions

■世界の大宗教

ＰＡＲＴⅡでは、よく知られた世界の大宗教を概説していきます。左ページの地図をご覧ください。

それぞれの地域における主要な宗教で模様分けしますと、ヨーロッパと南北アメリカにはキリスト教が広がっており、北アフリカと西アジアはイスラム教が占めています。イスラム教は東南アジアの一部にも広がっています。インド半島にはヒンドゥー教が広がり、東アジアから東南アジア北部には仏教が分布しています。

なお、この地図では仏教に色分けしていますが、中国東部や韓国は儒教・道教・仏教が混合状態になっており、日本は仏教と神道が混合状態です。この地域では、いくつかの宗教的伝統をチャンポンにして信仰する人が多いのが特徴です。儒教ひとすじ、仏教ひとすじという人もいますが、多くの人は複数の宗教の影響を受けて

それぞれの地域における主要な宗教

暮らしています。

というわけで、地理的にマクロに見る限り、世界の主要な宗教として、まず覚えておくべきなのは、キリスト教、イスラム教、ヒンドゥー教、仏教、それに儒教、道教、神道といった顔ぶれということになります。

また、信者数は少数ですが、ユダヤ教のことも忘れるわけにいきません。ユダヤ教はキリスト教とイスラム教を生み出した母胎です。歴史的にはユダヤ教、キリスト教、イスラム教の順序で登場するのですが、この三宗教は、天地を創造したとされる「唯一神」を信仰の対象としているという共通項があります。

■大宗教の一覧

大宗教の特徴を簡単な一覧表にまとめておいたので、いつでもこのページに戻って参照してください。

大宗教は発祥地域によって分けて覚えておくと便利です。

中東に生まれたユダヤ教、キリスト教、イスラム教はいずれも天地創造の神を崇拝する「一神教」です。この神様が人々に与えたとされる規範を守って暮らすというのが、一神教の基本です。三宗教とも神様は同一のはずなのですが、その現れ方に違いがあり、三つの宗教になっているのです。規範を守るために、信者は聖書やコーランなどの教典を大事にします。

インド生まれの仏教やヒンドゥー教の特徴は、あらゆる生き物が幾度も生まれ変わるという輪廻転生を信じる点にあります。輪廻の中で善行を果たせば良き来世に向かい、悪行をなせばランクが劣る来世を迎えることになります。いちばんいいのは解脱（げだつ）する――悟りをひらく――ことです。悟りをひらくために、信仰や修行に励

大宗教の一覧表

発祥の地	宗教	開祖	教典	主な特徴
中東	ユダヤ教	――	旧約聖書	唯一神を信じ、その規範に従う
	キリスト教	イエス・キリスト（前４頃～後30頃）	旧約聖書＋新約聖書	
	イスラム教	ムハンマド（後570頃～632）	コーラン	
インド	ヒンドゥー教	――	ヴェーダなど	輪廻の中で善を求め、解脱を目指す
	仏教	釈迦（前463頃～383頃）	仏典（お経）	
東アジア	儒教	孔子（前551頃～479頃）	論語・孟子など	儀礼や祭祀を重んじる
	道教	老子（孔子より後か？）	老子・荘子など	
	神道	――	古事記など	

むのが最高の人生ということになります。ヨーガ（ヒンドゥー教）とか坐禅（仏教）とか、修行の方法がいろいろと発達しています。

東アジア生まれの宗教は、一神教やインド生まれの宗教よりも「地味」な感じがします。各地のコミュニティの社会秩序に内蔵される形で信仰され、実践されるからです。

儒教の基本は祖先を祀り、儀礼や礼儀を守ることです。しばしば「宗教というより道徳のようだ」と言われます。道教の信者は、長生きして幸せに暮らすために神々に頼んだり、肩の力を抜いて「無為自然」に生きようとしたりします。神道では、家々・村落・国家の神々を祀りながら、日々の穢(けが)れを祓って清くサッパリと生きることを目指します。東アジアの宗教は、いずれも祖先や無数の神々や霊に奉仕する「多神教」型の宗教と言えます。

ユダヤ教

Judaism

■西洋・中東の少数派

宗教地図をご覧になれば分かるように、西洋・中東地域ではキリスト教とイスラム教が圧倒的な多数派です。この大宗教の海の中のあちこちに浮かぶ島のようにして、ユダヤ教が分布しています。ユダヤ教徒すなわちユダヤ人は全世界で一五〇〇万人程度、そのうち五〇〇万人がアメリカ合衆国に、五〇〇万人が中東のイスラエルに、残りが中東から西欧にかけての各国に暮らしています。

ユダヤ人は少数派ですが、教育に力を入れる伝統があるためか、優れた学者や芸術家を輩出しています。科学者のアルベルト・アインシュタイン、経済学者のカール・マルクス、精神分析の父ジークムント・フロイト、哲学者ルートヴィヒ・ウィトゲンシュタイン、映画監督スティーブン・スピルバーグ、歌手のボブ・ディラン……と、個性的な顔ぶれです。

なお、ユダヤ人はそのままユダヤ教徒と呼ばれます。英語ではいずれもJewish peopleで、言葉の上の区別がありません。ちょうど日本人が無宗教の人でも文化・習俗的に「仏教徒」ないし「神社の氏子」であるように、大雑把に民族と宗教とを区別せずに扱っているわけです。今紹介した面々が熱心な信者というわけではないのでご注意ください。

■敬虔なユダヤ教徒の生活

ユダヤ教徒にもいろんな人がいますが、建前としては、次のような宗教的ライフスタイルをもっています。誕生、成人式、結婚式など、通過儀礼をユダヤ伝来の形で行なう。十三歳（男子）ないし十二歳（女子）で行なう宗教的成人式をバル・ミツバ（男子）、バト・ミツバ（女子）と言います。宗教的な年中行事がたくさんあります。ユダヤ暦の新年、贖罪（しょくざい）の日、過越（すぎこし）と呼ばれるお祭りなどなど。お祭りのたびに一族が集まって行事をこなします。

ユダヤ教典は日本では「旧約聖書」の名で知られています（「旧約」というのはユダヤ教から派生したキリスト教での呼び名です）。これは創世記、出（しゅつ）エジプト記、イザヤ書、詩篇などたくさんの書物の合本です。そのうち創世記や出エジプト記を含む五冊の書を「モーセ五書」とか「律法」（原語はトーラー）と呼んで、とくに重視します。この律法の中には古代のユダヤ人たちの掟がたくさん書かれており、敬虔な人はそうした掟をなんとか現代に合わせて実行しようとします。

掟の中で有名なのは、「安息日」の厳守でしょう。一週間に一度、労働を行なってはいけない日があり、それを安息日と呼びます。金曜の夕方から土曜の夕方に相当します。これは労働者保護のための有難い戒律ですね（このやり方をキリスト教徒も受け継いで、日曜日には仕事を休んで教会に行きます。日本人も明治以降「週」や日曜休日の制度を採用しました。ユダヤ教の間接的恩恵です。江戸時代の日本人には盆と正月しか休日が無かったのです）。

古代のユダヤ人はいろいろ不思議な掟をもっており、食物の規定もその一つです。これを敬虔な人は今でも守ろうとします。カシュルート（食餌規定）と言います。これによると、牛や羊や鶏を食べてもいいが、豚やダチョウは駄目です。イナゴはいいが、他の昆虫は駄目。鱗と鰭のある魚はいいが、ウナギや貝類、日本人の好きなイカ、タコ、エビも駄目です。野菜、果物、穀類はすべてＯＫです。

なお、律法や聖書や古代の知恵に詳しい学者をラビと呼びます。ユダヤ教徒はシナゴーグ（集会所）でラビに生活指針を伺いながら、人生設計をして暮らすという建前です。

■神のもとに団結

ユダヤ教の神様はヤハウェという名前ですが、これは「天地を創造した神」です。宇宙に唯一のすごい神なのですが、この神がなぜか古代にユダヤ人を選んで契約を結んだ、とされます。ユダヤ人は律法の掟を守り、神はユダヤ人を繁栄させる、そういう約束です。

歴史的に見ると、最初からユダヤ人が自分たちの神を、天地創造の唯一神と考えていたわけではないようです。古代の民族はたいてい自分たち固有の神をもっていましたが、ユダヤ人もまた、多くの神のうちの一神を選んで奉じたのです。

この神に従っていれば民族は繁栄するはずだったのに、どういうわけか、ユダヤ人の国家はアッシリア、バビロニアといった大国に滅ぼされてしまいます（紀元前六世紀）。ユダヤ人は自分たちが道徳的に堕落していたので神が怒ったのだと考え、ますます信仰心が高まります。神もいつのまにか天地創造神に昇格しました。もはや国家が無くなったので、ユダヤ人は、神の律法の書すなわち（旧約）聖書のもとに一致団結して暮らすようになり、以来、ユダヤ人は国家ではなく宗教をアイデンティティとする民としてあちこちの国の中で暮らすようになります。紀元前のはるか昔から、ユダヤ人は国家無き民です。

今日、ユダヤ人主体のイスラエルという国家がありますが、これは近代のヨーロッパでユダヤ人に対する迫害が続いたので、政治運動を起こして第二次世界大戦後に中東に作り上げた新しい国家です。大勢がイスラエルとアメリカに移民となって逃れました。

なお、この戦争では、ナチスドイツが数百万人のユダヤ人を虐殺しました。この虐殺をホロコーストといいます。

■国家と移民

ユダヤの民は「国家」ではなく「宗教」を共同体の原理としています。大国に翻弄される歴史的経験をたくさんもっているユダヤ教徒は、国家というものの恐ろしさを知り抜いていると言えるかもしれません。

それを示しているのが、民族の起源神話である「出エジプト」の物語です。かつてユダヤ人のご先祖は大国エジプトの寄留外国人として暮らしていた（紀元前一三世紀頃の話です）。最初は問題なく暮らしていたのですが、ファラオ（エジプト王）はこの民を建設労働に駆り出し、奴隷状態に貶めました。そこにモーセという英雄が立って、ファラオを出し抜いて民をエジプトから脱出させ、神ヤハウェの掟を与えました。民はカナンの地（今日イスラエルのあるパレスチナのあたり）に新しい共同体を創ったという次第です。

昔も今も外国で移民として暮らす人々は苦労を抱えています。下働きによってその国の経済を支えつつも、差別されたりします。ユダヤ教ならびに一神教の起源もまたこの問題にかかわりがあるというのは、含蓄の深いことだと思います。

キリスト教

Christianity

■ユダヤ教からの派生

古代ローマ帝国における話です。地中海東岸のパレスチナ地域（今日イスラエルのあるあたり）にユダヤ教徒がある程度まとまって暮らしていました。そこに暮らすユダヤ人宗教家であるイエスという人物（紀元前四年頃〜後三〇年頃）が、ユダヤ教の祭司たちに睨（にら）まれ、裁判にかけられ、ローマ帝国の役人によって処刑されました。

この殺された宗教家を、ユダヤ民族が古来待望していた救世主だと信じる人々が布教活動を始め、やがてこれが大きな勢力となりました。これはユダヤ教の一派でしたが、やがてユダヤ人以外にも布教を始めたので、独立してキリスト教となりました。

キリストとは救世主を意味する言葉です。イエスこそが救世主だ、という思いを込めて、開祖を「イエス・キリスト」と呼びます。

死んでしまったならば世を救えないではないか、と思われるかもしれません。しかし、イエスは人々に愛を説いたと伝えられています。この愛を人々が実践するようになれば、世の中はやがて神の目にかなうユートピアになるかもしれません。そうしたら世は救われますね。

イエス・キリストから「神の国」が始まる。これがグッド・ニュース（中国語で「福音」）というわけです。イエスの宗教的伝記を福音書と呼びます。

■教えの基本

というわけで、ユダヤ教から派生したキリスト教では、イエス・キリストを人生の範とします。もともとユダヤ教では神の律法（八五頁）を人生の範としていたのですが、キリスト教では律法そのものよりも、この律法の精神を体現したヒーローであるイエス・キリストが人生の範となる。つまりクリスチャンはキリストを「信仰」します。

具体的には、福音書を含むキリスト教の教典「新約聖書」や、ユダヤ教以来の教典「旧約聖書」に書かれた神の教えを、イエスの愛の精神の観点から実践しようとします。ですから、キリストは愛の恵みの源泉でもあれば、人生の裁き手でもあります。

死んだら、キリストによって生前の人生を裁かれます。愛にかなう人生を送っていれば天国へ、自分勝手な人生を送っていれば地獄へ……。

なお、キリスト教では救世主キリストその人が「神」であると解釈されています。このあたり、ちょっとややこしいのですが、ユダヤ教ではヤハウェを神としていた。そして、キリスト教ではこのヤハウェを「父」、キリストを「子」と呼び、キリストの死後に信者に働きかける「聖霊」を合わせた三つを一組にして、「三位一体の神」としています。

神様は唯一であるのに、三つである。三つであるのに唯一である。この謎めいた教えがキリスト教の奥義とされています。

■教会と宗派

ユダヤ人の集会所はシナゴーグと呼ばれますが、クリスチャン（キリスト教徒）

の集会所は教会と呼ばれます。

宗派は無数にあるのですが、マクロには、次の四つの流れを区別するのが便利です。

①中東の各派……コプト教会（エジプト）、エチオピア正教会など。
②東方正教会……ギリシャ、ブルガリア、セルビア、ロシアなどに分布。
③ローマカトリック教会……ローマのバチカンにいる教皇（法王）を中心とする大組織で、南欧、フランス、南ドイツ、中南米、フィリピンなどに信者が多い。
④プロテスタント諸教会……一六世紀以来カトリック教会から独立した諸教会。北ドイツ、英国、北欧、アメリカ合衆国、オーストラリアなどに多い。ルター派、英国国教会、メソジスト、バプテストなど、様々な教派がある。

教会における信徒の指導者は、①〜③では司祭（神父）と呼びますが、④では牧師と呼ぶのが普通です。

人生のすべてを神様に捧げようと決心した人々を修道士・修道女と呼びます。たくさんの修道会をもつカトリック教会の例を挙げますと、修道院に籠って暮らすベネディクト会などはたいへん古い歴史をもち、人々への布教や奉仕に励むフランシスコ会、ドミニコ会、イエズス会などは中世後期以降登場した比較的新しいタイプのものです。

プロテスタントには原則として修道士はいません。プロテスタントは、中世後期の堕落していたカトリック教会にプロテスト（抗議）した者たちの生み出した教派です。教会組織や専門の聖職者たちの媒介なしに、万人が直接聖書を読み、直接キリストを信仰するというモットーですので、キリスト教会の中では異色のシステムです。

プロテスタントは信仰の純化を図ったのですが、信仰がもっぱら個人の心の問題となり、教会の行事などの役割が減ったので、人々の社会生活は宗教への従属から離れ、国家制度や資本主義の会社のシステムに従属するようになりました。そのため、英国、ドイツ、北欧、アメリカ合衆国など、プロテスタントの強い国は「近代化」に邁進しました。

キリスト教では神学がよく発達しました。神学論争は正統と異端の熾烈な争いも生みましたが、近現代世界の哲学や科学の論理的思考を促した側面もあります。哲学や科学は神学に育まれ、そして神学を否定して生まれたようなところをもっています。この緊張関係を常に保っているのが、西洋文明の特徴の一つです。

■開祖キリストの実像と福音書

キリスト教はイエス・キリストに始まる宗教ですが、このイエスなる人物の歴史的実像については、はっきりとしません。四種の福音書（マタイによる福音書、マルコによる福音書、ルカによる福音書、ヨハネによる福音書）の中に記されたイエスの言動は、あくまでも信仰的な立場から書かれたものであり、歴史の客観的資料ではありません。

福音書にはキリストがなした奇跡の話がたくさん書かれています。信仰が生み出したファンタジーかもしれません。むしろ、大事なのは、イエスが貧しい民衆、病気に苦しむ人々、世人から「罪びと」のレッテルを貼られた人々に寄り添って暮らし、金持ちや宗教的規律にうるさい人々の偽善を糾弾しているように描かれていることです。イエスの「愛」の精神は、偽善を避け、苦しい人々の現実に即して世の中をよくしていくところに本義があるようです。

イスラム教

Islam

■一神教三兄弟

紀元前からあるユダヤ教から紀元一世紀に派生したのがキリスト教、そしてこの二つの宗教の影響を受けて七世紀に成立したのがイスラム教です。

いずれも天地創造の神を信じる一神教です。ユダヤ教ではこの唯一神をヤハウェと呼び、キリスト教では三位一体の神ととらえ、イスラム教ではアッラーと呼びます。アッラーとはアラビア語で「ザ・神」ということ。アラビア語で「イスラーム」は（神への）帰依を意味します。信徒をムスリム（帰依者）と呼びます。

ユダヤ教の宗教的ポイントは、神の律法を守る点にありました。キリスト教のポイントは救世主キリストを信じ、その愛の人生に学ぶことでした。そしてイスラム教のポイントは、七世紀のメッカの商人、ムハンマドが神から受けた啓示を集めた書であるコーラン（クルアーンと呼ぶほうがアラビア語の発音に近い）の教えを守る点にあります。

そういう意味で、キリスト教徒にとってのキリストが、イスラム教徒にとってのコーランに相当すると言われます。

■イスラム教徒の暮らし

イスラム教では、教理の要点が箇条書き的に整理されています。イスラム教徒に基本的に要請されるのは、六信・五行を守ることです。

六信は、信じるべき六つのことです。

まず、信仰対象としては、①唯一神アッラーは当然として、そのお使いである②複数の天使も信ずるべきとされます。

そして神の教えを伝えた存在として、③預言者と④啓典を信じるということになります。預言者にはムハンマドだけでなく、ユダヤ教の預言者やキリスト教のイエスなども含まれ、啓典にはコーランだけでなく、ユダヤ教の律法やキリスト教の福音書なども含まれます。

イスラム教徒がユダヤ教やキリスト教の聖書を熱心に読むということではなく、

聖書の民であるユダヤ人やクリスチャンを尊重するのです。

さらに、自分の運命にかかわることとして、⑤来世、つまり終末後の世界（神の審判があり、楽園と火獄がある）を信じ、⑥定命、つまり神が一切をご存じであることを信じます。

次に、五行とは、行なうべき五つの事柄です。

まず、①神とムハンマドを信じるということの告白。入信者は「アッラー以外に神はなし」「ムハンマドはアッラーの使徒である」という二つの証言を誓います。

日常的に行なうこととしては、②サラート、つまり一日五回、定められた時刻にメッカに向かって行なう礼拝が欠かせません。

さらに、③ザカート（宗教的な献金・税金）があります。これは貧困者などに分配されます。そして④イスラム暦のラマダーン月の断食です。期間中は、毎日、日中の飲食とセックスを控えます。⑤ハッジはメッカへの大巡礼です。体力と財力がある者だけでよいとされます。

■イスラム法

理想的には、イスラム教徒はコーランの精神を体現するライフスタイルを実現するように努めます。儀礼としては五行にまとめられますが、日々の生活の指針としては、これだけでは足りないので、様々な規定が歴史的にシステム化されました。学者たちがコーランとムハンマドの言行録から推論を重ねて、これを行なうのは望ましいだろう、これを行なうのは避けるべきだろう、と、「法の空間」を編み出してきたのです。これがイスラム法（シャリーア）の世界です。

イスラム法では、もちろん殺人や窃盗などは禁止事項です。利子をとるのもいけない。イスラムは世界にさきがけて女性の相続権を認めました。英国でこれが公認されたのはようやく二〇世紀のことですから、この点では非常に先進的でした。ただし、現代人の考える数字上の完全平等を目指すものではなく、「男は女の倍額の取り分がある」形になっています。そのかわり、男は家族を保護する義務をもつ。そういうようなバランスのとり方をしています。

ユダヤ教の律法と同じく、イスラム法にも食餌規定があります。豚肉、死肉を食べるのは駄目です。ユダヤ教の食餌規定（八五頁）ほど禁止事項はないのですが、イスラムの祈りを捧げて屠（ほふ）った肉しか食べられません。イスラム法的に「合法」な食品をハラール食品と呼びます。日本でも信者の増加にあわせて、ハラール食品を提供する企業や食堂が増加中です。

なお、イスラム教にはスンナ派（多数派）とシーア派（イラン周辺の少数派）の二大宗派があります。シーア派は預言者ムハンマドの後継者問題から分派した宗派です。指導体制についての考え方などにスンナ派との違いがありますが、日常生活の規範に関しては両派には本質的な違いはありません。礼拝施設をモスク、イスラム法などに詳しい学者をアーリム（複数でウラマー）と呼びます。

▦開祖ムハンマドの生涯

預言者ムハンマド（五七〇年頃誕生）はアラビア半島のメッカの交易商人でした。アラビア人の町メッカは東西交易の拠点でした。地域経済の中心でもあれば、アラビアの諸部族の奉じる神々の像をおさめた神殿をもつ宗教都市でもありました。

昔も今も経済が発展すると格差の問題が生じます。アラビアの部族社会にも、恵まれない階層が生まれ、従来ながらの諸部族の神々を奉じているだけでは問題解決ができなくなっていました。そんな中、四十歳を過ぎたムハンマドに、ある日、神の啓示が下ります。その神の言葉をムハンマドの信仰仲間（教友）が書き取ったのがコーランの始まりです。

コーランの趣旨は、メッカの多神教をやめて、天地創造の神に従うべきこと。神は人類を平等に造ったのだから、階級差のない信徒たちの共同体をつくろう、ということです。

ムハンマドにこうした思想がインスパイアされたのは、彼がすでにユダヤ教徒やキリスト教徒の信仰生活のことを知っていたからでしょう。ムハンマドにとっては、新たな神の啓示コーランは、天地創造神の原初の教えを純粋に説いたものでした。

ムハンマドの一派は迫害され、メッカからメディナに移住して信徒の共同体を創りました。メディナ移住を「聖遷」と呼び、六二二年の聖遷の日を規準とする太陰暦イスラム暦が誕生しました。やがてアラビア人全般の信望が高まり、ムハンマドはメッカに戻って、神殿カアバの中の神々の像を一掃します。イスラム教徒はこれを記念してカアバに向かって礼拝します。

ムハンマドは政治的共同体でも宗教的共同体でもあるイスラム共同体の指導者として、六三二年に生涯を閉じました。

ヒンドゥー教

Hinduism

■インド半島の多神教世界

ユダヤ教、キリスト教、イスラム教は互いに親戚関係にある一神教ですが、インドから東ではむしろ多神教の勢力が優勢です。

インド半島に発達した多神教的な宗教世界を大雑把に「ヒンドゥー教」と呼びます。ヒンドゥーとは「インド」のことです。

神道などと同様、多数の神々を拝むのですが、最も人気のあるのはヴィシュヌ神とシヴァ神です。信徒もヴィシュヌ派、シヴァ派という「宗派」を為しています。面白いことに、ヴィシュヌ派にとってはヴィシュヌが最高神であり、シヴァ派にとってはシヴァが最高神なのだそうです。では、二つが別の宗教かというと、そうは思われていない。立場によって最高神が入れ替わっても平気というあたりに、インドらしい柔軟な思考が窺（うかが）われます。

ヴィシュヌ神は様々な姿に化身しますが、中でも有名なのはラーマとクリシュナです。ラーマは叙事詩『ラーマーヤナ』の主人公である王子様、クリシュナは叙事詩『マハーバーラタ』の中の哲学的な一篇「バガヴァッド・ギーター」の中で教えを説く若い神です。

『ラーマーヤナ』と『マハーバーラタ』は長大な詩編であり、インド的生活の百科事典となっています。人々は叙事詩の中の生きざまから、ヒンドゥー教徒としてのライフスタイルを学ぶわけですね。

シヴァ神は修行者の姿をした自己犠牲の神として知られています。宇宙の鼓動はシヴァ神の踊る姿にもなぞらえられます。古代の暴風雨神の名残をとどめて、破壊の神とされますが、それは創造的破壊というもののようです。嵐の雨が同時に穀物を育てる恵みの雨でもあるというわけです。

ヒンドゥー教ではその他にも多くの神が尊崇(そんすう)されていますが、それらの中では各種の女神が尊崇を集めているようです。ドゥルガーという女神の祭礼などが知られています。

■輪廻と解脱

神々が大勢いますと、それらの間にどういう違いがあるのか詮索したくなりますが、そんなことより、たぶん大事なのは、人々の実際の祈りの生活の在り方、インド人としての霊的ライフスタイルの在り方です。

社会は無数の職業的・地方的・階級的共同体に分かれており、これをジャーティと呼びます。英語の呼び名ではカーストです。伝統的には、このカーストごとに自らの社会的本分を尽くすことに、人生の価値が置かれてきました。

こうした制度は階級差を固定する差別的な制度にもなり、低位のカーストとは結婚しない、食事をともにしないなどの悪しき因襲も広がりました。現代では、カーストはヒンドゥー教の本質ではないとして、原則的には無意味とされています。カースト制度の差別的遺風をどう克服するかが今日のヒンドゥー教徒の課題となっています。

さて、インド人の世界観によれば、現世は遠い過去から遠い未来に延々と続く輪廻の中の一ステージです。現世で善行に励めば来世は善き生が望める。悪行を行なえば来世の見通しは暗い。

その中でさらに、霊的な修行に励んだり、神々を熱心に供養したりして、魂の解脱をはかります。本気で解脱してしまえば、死後は神々の世界、あるいは宇宙の本源のようなところに向かい、輪廻世界とはさよならします。

というわけで、ヒンドゥー教の世界観は、輪廻と解脱の二本立てになっております。この二元論は、同じくインドで生まれた仏教も共有しています。仏教でも人々は輪廻転生し、修行の果てに、うまくすると解脱できる。

仏教とヒンドゥー教では具体的な教えにいろいろな違いがあるのですが、やはり互いに似ています。ヒンドゥー教徒は「仏教はヒンドゥー教の一派だ」と考えているそうです。

紀元前五世紀頃に登場し、紀元後も何世紀にもわたって繁栄を続けた仏教は、近代を迎えるはるか以前にインド半島から姿を消してしまいました。それは不思議なことのように思われるかもしれませんが、簡単に言えば、仏教はヒンドゥー教に呑み込まれてしまったわけです。

■仏教に取り込まれたインドの神々

仏教は守護神としてインドの神々を取り込みました。「〜天」と呼ばれている存在はみなインドの神です。たとえば梵天。これはブラフマー神。宇宙を象徴する神です。帝釈天はインドラという、紀元前数世紀まで人気のあった英雄神です。その他、無数の神々が日本列島に定着しています。

宝船に乗っている七福神はいかにも日本的な神々という感じがしますが、実はその中の弁財天はサラスヴァティーという川の女神——水神ですが文芸の神様でもある——、毘沙門天（別名、多聞天）は財宝神クベーラというふうにインド起源の神々です。大黒様は日本神話の大国主と合体していますが、もとをただせばイーシヴァラというインドの神であり、これはシヴァの別名でもあります。

インドの修行者は身体コントロールの様々なテクニックを工夫しています。身体を律することで精神も律される。これがすなわちヨーガです。ヨーガは解脱するための高度なものから、身体の健康増進をはかるものまで、多様に展開しています。半世紀ほど前に欧米の若者たちが日本の禅やインドのヨーガに目覚め、それ以来、先進各国で、主に健康体操としてのヨーガの教室が増殖しています。

ちなみに、仏教の禅はインド仏教の瞑想法であるディヤーナに由来します。これは基本的にヨーガの一つの流れであると言うことができます。

■深遠な哲学――梵我一如

ヒンドゥー教の教典はいろいろありますが、その第一のものは紀元前からあるヴェーダと呼ばれる経典群です。これは太古の神々への讃歌、いわば祝詞のようなもので、哲学的な思想も含まれています。

その思想によれば、「大宇宙の本質（ブラフマン、梵）と小宇宙である人間の本質（アートマン、我）とはイコールなのである」と。「梵我一如（ぼんがいちにょ）」と呼ばれるこの思想は、解脱の原理として、ヒンドゥー教およびインド哲学の基本的公式となっています。

仏教

Buddhism

■インドから東方に拡大

インド半島で生まれたメジャーな宗教はヒンドゥー教と仏教です。どちらも輪廻転生を前提としており、どちらも輪廻の人生から飛び出すこと――解脱――を霊的な究極目標に掲げています。そういう意味ではよく似た宗教どうしなのですが、持ち味に違いがあり、発展の歴史も大きく異なっています。

ヒンドゥー教は土着の神々を信仰する多神教です。仏教の開祖、釈迦（本名ガウタマ・シッダールタ）は紀元前五世紀頃のインドの宗教家ですが、神々に「神頼み」するのではなく、生活を律して瞑想に励むことで「悟る」ことにこそ、霊的な目標を置きました。

この悟りの修行の宗教は一世を風靡（ふうび）し、千年にわたって隆盛をみるのですが、やがて土着の神々の信仰が盛り返してきて、結局のところ、インドの主流宗教はヒンドゥー教ということになりました。

仏教はインドの国外に広がり、東アジア、東南アジアに定着しました。二つのインド産の宗教は、国内組（ヒンドゥー教）と海外遠征組（仏教）の二つに分かれたというわけですね。

仏教は修行の宗教ですが、修行の先輩であるブッダや菩薩といった存在を「神々」のように拝むようになりました。本質的には悟りの修行の宗教なのだけれども、ブッダや菩薩を信仰する宗教にもなった。つまり神々を信仰するヒンドゥー教に似てきた。

ヒンドゥー教は、太古の段階では神々に招福や除災をお願いする宗教だったのですが、修行の要素と信仰の要素をあわせもつ総合的な宗教になっていきました。

なお、ヒンドゥー教は社会的階級制度であるカーストを伝統的に重んじましたが、社会生活にタッチしない仏教はカーストを無視し続けました。仏教はインド国外に広がりましたが、ここでもカーストは無意味です。

■二つの大宗派

仏教には二つの大宗派があります。

南方に伝わった宗派はテーラワーダ仏教（上座部仏教）と呼ばれ、スリランカ、ミャンマー、タイなどの国民的宗教となっています。

北方に伝わった宗派は大乗仏教と呼ばれ、これにはチベットやモンゴルのあたりに広まるチベット仏教や、中国で古代・中世に漢訳されたお経（漢訳仏典）を用いる中国、ベトナム、韓国、日本などの仏教が含まれます。

テーラワーダ仏教は、開祖釈迦の時代の教えや習慣を今日に伝えています。基本に忠実というか、古いタイプの仏教ですね。

タイの修行者（僧）を見てみますと、彼らは国民から絶大な尊崇を集めています。僧たちは出家して（つまり特別な集団生活に入り）禁欲的な戒律を守って瞑想に励み、経済活動にはタッチせず、食事は一般の人々に提供してもらいます（これを托鉢と言います）。戒律と瞑想に専念するのが僧侶の仕事であり、それが人々にとっての道徳的なモデルとなっているので、人々は僧を経済的に支援するという仕掛けになっています。

大乗仏教は開祖の死後五世紀ほどたってからインド国内で発展した派生的な宗派

です。こちらでも出家修行があり、戒律も瞑想もあるのですが、一般の民衆を精神的に救済するために、様々な信仰のスタイルを取り込んでいます。

仏教はブッダや菩薩を拝むようになったと先ほど申しましたが、こうした信仰のモードを本格的に展開しているのは大乗仏教のほうです。

ブッダ（仏陀）は「目覚めた者」という意味で、もともとは、悟りを開いた開祖の称号でした。それがやがて神格化され、カミサマのような存在となり、しかも宇宙中に多数のブッダ（諸仏）がいることになっています。つまり、釈迦の他に、阿弥陀、毘盧遮那（びるしゃな）、大日といったブッダが信仰を集めています。中国や日本の浄土信仰では「南無阿弥陀仏（私は阿弥陀仏に帰依します）」と念仏を唱えます。阿弥陀仏は鎌倉の大仏にもなっています。奈良の大仏のほうは毘盧遮那仏で、これは宇宙の真理を表したブッダ。これは大日如来と名前を変えて、曼荼羅（まんだら）――密教で用いる「ブッダ一覧図」――の中央に描かれています。

菩薩はブッダになれる実力があるのに、民衆救済のために下働きに奔走している神話的な聖者です。地獄の民衆も救ってしまう地蔵菩薩とか、様々な姿に変身して人々を救う観音菩薩とか、いろいろな菩薩が信仰されています。

■迷いの世界のただ中で

先程述べたように、菩薩とは、ブッダになって解脱してしまう実力があるのに、輪廻の世界で頑張っている聖者です。これは「社長になれるのに、社員のために工場で汗を流している部長」みたいなところがあり、どうもこう、日本人好み——とくに昭和の日本人好み——のキャラクターですね。

この菩薩的生き方が大乗仏教の宗教的理想となっています。

大乗仏教には、迷いを断ち切って悟りすますことよりも、迷いの世界のただ中で人々と一緒になって悩んで頑張ることを良しとする伝統があり、その傾向は日本仏教では非常に高まっています。

仏教の解説がなかなか容易でないのは、様々な教えが重層的に重なっており、万華鏡的なきらびやかさをもつと同時に、迷いから悟りまで、どこに中心があるのかよく分からないという、独特な性格によります。とくに日本仏教は「宗教のデパート」であると言うべきかもしれません。

密教では曼荼羅というブッダと菩薩の一覧図のようなものを使って瞑想修行をします。逆に禅宗は無色の世界であり、黙って坐(すわ)って無念無想の境地を目指します。

他方、浄土信仰では、阿弥陀仏の救いを頼み、「南無阿弥陀仏」と唱えることを旨としている。かと思えば、法華(ほっけ)信仰では「南無妙法蓮華経」と唱え、地獄の衆生からブッダまで、あらゆる生命の連帯を強調します。

人と人とは結ばれあっている。この命と救いの「生態系」は、法華信仰に限らず、日本仏教や日本の新宗教がよく強調するものです。

日本仏教が葬式や法事に力を入れているのも、生者と死者との間にアニミズム的な連帯の意識があるからです。自己の悟りよりも、他者へのサービス。これが死生観に持ち込まれたのが、死者の供養という習慣なのです。

儒教と道教

Confucianism and Taoism

■漢字文化圏のユニークさ

宗教学的に見ると、中国を中心とする東アジア、いわゆる漢字文化圏はかなりユニークな地域です。ここには伝統的に儒教と道教が広まり、さらにインド伝来の大乗仏教が重なっています。

どれか一つに専念している人もいるとはいえ、東アジアの多くの人は儒教と道教と仏教の三つから均等に影響を受けた精神生活を送っています。

中国とは海を隔てている日本では、儒教や道教の影響はやや間接的で、かわりに仏教を重んじ、また、日本列島の土着の神々の信仰から発達した神道を信仰しています。しかるに、この仏教も神道も、かなり儒教と道教の影響を受けています。たとえば日本仏教で仏壇に置く先祖の位牌（いはい）は、起源的には儒教のものです。また老荘思想の「無為自然」も、陰と陽の二元論的な思考も、仏教と神道に影響を与えているようです。

というわけで、世界宗教地図を描くと、東アジアは仏教色に塗られたり、複数の宗教の重なりをストライプにして描かれたり、「中国人の宗教」「日本人の宗教」といった奇妙なカテゴリーをたてられたり、地図作成者の苦労のほどが窺われる有様となっています。

■相互補完する儒教と道教

儒教は中国に生まれた祖先祭祀の宗教です。ご先祖様を祀る。人類全般のご先祖様ではなく、自分の家系のご先祖様ですね。

キリスト教の世界でも仏教の世界でも、人は死んだらどうなるのか、に思いをはせ、天国であるとか輪廻であるとかといった答えを与えてきましたが、中国人の場合は、先祖から親を経て自分を通り抜けて子孫へと流れていく血縁の滔々(とうとう)たる流れが救いとなっています。

人間は自分の死後のことで悩んだりもしますが、子供や孫がいるならそれでいいやと漠たる安心感の中で死んでいくというのも「一つの手」かもしれませんね。

この祖先祭祀の信仰においては、当然、親孝行が最重要視されます。キリスト教は愛を説き、仏教は悟りを説きますが、儒教の場合は孝が大事です。そこで、孝を中心に、社会全体を様々な礼儀や儀礼の体系として捉え、それを人としてあるべき精神としての仁のもとで行なう倫理を組み上げたのが、紀元前五世紀頃の倫理的な哲人である孔子です。孔子の弟子の一門から儒家の哲学的流れが生まれます。

儒教は紀元前後の漢の時代に国教的な地位を獲得し、以来、中国の公式の社会制度はすべて儒教精神によって貫かれることになりました。

このように、儒教が社会の公（おおやけ）の側面を仕切るようになると、そういうのに収まりきらない、民間中心の神々や仙人の信仰や、招福や除災を願う信仰の類が、もやもやっと凝り固まって、道教教団の伝統が構築されるようになりました。やはり漢代以降のことです。

道教では、僧に相当する修行者・祭司を道士と呼びます。道教の経典のセットを道蔵と呼びます。お寺ないし神社に相当するのは道観です。道教には儒教的な親孝行の倫理も入っているし、おまじないの札を書くなど、マジカルなこともします。

霊的なエネルギーである気を身体にめぐらせ、健康法を開発し、「不老不死」をうたう薬を練ったりもします（本当に不老不死になった人がいるとは聞きませんが）。かなりファンタスティックなところのある宗教ですね。

道教の名目上の開祖は伝説的な人物である老子です。孔子の同時代かもっとあとの人物のようです。老子は孔子の説く人為的な倫理哲学には批判的だったようです。

老子と並んで有名な哲人である荘子は、ある日眠っていたら蝶になった夢を見た。目覚めて荘子に戻ったが、いったい荘子が蝶の夢を見たのか、蝶が荘子の夢を見ているのかと言ったとか……。このようにあらゆるものの相対性を説き、出世だろうが理屈を説くのだろうが無理にツッパルのをやめて、「無為自然」に生きよう。――こうした思想もまた道教の中に取り込まれています。

老荘的に生きるとなると、社会での出世よりも、私人として悠々と暮らすことを目指すことになります。実際には、伝統的な中国の知識人は、公には儒教的に、プライベートには老荘的に生きて、なかなか自然に帰れない分は、山水画などを見て、心の中で神仙の世界に遊ぶ……みたいにやってきたようです。

■道教の神々

ヒンドゥー教や神道と同様、道教は多神教の世界です。神々の姿や性格はインドの神々よりも曖昧なところがあります。

最高神は玉皇上帝（ぎょくこう）とされます。元始天尊という説もあるようです。老子を神格化した太上老君も最高神に近いとされます。皇帝タイプの神々としては、黄帝、西王母（せいおうぼ）、神農氏といった面々もあります。

また星を神格化した南極老人星のような神々があります。また、農業神、雨を降らせる神（あるいは竜王）、雷の神、風の神もいます。山や湖も神格化されています。

家庭には竈（かまど）の神や火の神がいます。門の神も土地の神もいます。医療の神、お産や子授けの女神もいます。邪気を払う鍾馗（しょうき）は日本でもよく知られています。音楽の神、大工の神もいます。航海の女神である媽祖（まそ）は、東南アジアの華僑の間で尊崇が篤（あつ）いようです。

死後の世界には一〇人の閻魔（えんま）王がいるというのですが、閻魔というのは本来仏教系の死の神様ですね。インドのヤマという神に由来します。インド由来では、観音様も道教の神、というか女神と化しています。インドの観音は本来男性神だったようですが、男にも女にも化身して人々を救うためか、東アジアではどんどん女っぽくなっていきます。

日本では、たとえば中華街に行けば道教の神に会うことができます。関帝廟というのがありますが、ここに祀られている関帝は武神でもあり財神でもあるような神様です。

■仏教の影響

外来の仏教は、はじめ「家を棄(す)てる(出家する)とはなんたる不孝か」と批判されたりしましたが、修行体系などは中国の宗教に影響を与えています。逆に、儒教的な孝の観念や道教的な無為自然の道も仏教に流れ込んでいます。

こうした相互影響の中で、儒教、道教、仏教という三つの宗教は、三つ巴(どもえ)になって東アジアの精神世界の中でくるくる回っています。

神道と民間信仰

Shinto and Japanese folk belief

■仏教の輸入と神道の成立

かつて大和朝廷は中国文化の移入に努めましたが、その中には儒教、道教、仏教が含まれていました。当時は中国でも仏教が最新式の深遠な哲学として絶大な権威をもっていましたから、日本人もこれに倣(なら)いました。

奈良盆地に続々出現した寺院は、仏教を勉強する学校のようなものでした。仏教の深遠な教理はなかなか理解しづらかったのですが、当時すでに、民衆の救済に奔走して各地を行脚する行基(ぎょうき)のような僧が出現しています。難しい勉強もけっこうだが、人々を救うのが大事——そんな大乗仏教の精神は、かなり早い段階で伝わったもののように思われます。

さて、日本にはもともと土着の神々の信仰があります。カミというのは何でもパワフルで神秘的な存在を指したもののようです。雷や猛獣のような恐ろしい現象・

存在であれ、異様で目をひく樹木や山などであれ、天皇のような権威ある人間であれ、みなカミの資格があったようです。

仏教の輸入によって土着の神々の祭祀が打撃を受けたかというと、そういうことはありませんでした。一神教は「世界を支配する神は一者のみ」という建前なので、布教の先々で出会うローカルな神々を排斥するのが常でしたが、仏教は一神教ではないので、わざわざ排他的になる必要はありません。仏教信者は、土着の神々に敬意を表し、同時に救いの模範としての諸仏や諸菩薩を拝するということが可能です。

それればかりではありません。仏教をはじめとする先進文明を輸入したのは天皇家であり、この家系が日本列島で随一の権威であるということを保証するのが、天皇家は太陽神アマテラスの直系だという神話です。民衆にしてみれば、神々・天皇・仏教の三位一体を有難く拝んでいればそれでよろしい。

天皇家は古事記や日本書紀など、神話時代から起筆した史書を編纂させました。麗々しい仏教式寺院に対抗して、土着の神々を祀る恒久的な社殿も建てられるようになりました。伊勢神宮や出雲大社といった神社建築はそうして出現したものです。かくして漠然とした神々の祭祀は、いっそう組織的な「神道」へと成長していきました。

■オリジナルとコピー

大乗仏教では様々な仏や菩薩を信仰しますが、好都合なことに、仏や菩薩は化身して人間や神の姿で現れることが可能でした。オリジナルとコピーの関係です。オリジナルの側を本地（ほんじ）と呼び、コピーすなわち化身の側を垂迹（すいじゃく）と呼びます。

ですから、仏教側の論理としては、神道の神々をこの本地垂迹説で仏教に取り込むことができます。

たとえば、太陽神である天照大神（アマテラスオオミカミ）のオリジナルは悟りに光り輝く大日如来だと解釈すればよろしい。大日如来は密教で最も重視される悟りの宇宙の中心的存在です。

熊野権現など「権現」という名をもつ神々も生まれました。この権現は仏の化身のことです。八幡大菩薩のように、神道系の神なのに「菩薩」を名乗る者も現れました。仏法の守護者の役割を買って出た神様なんですね。

鎌倉時代のあたりには、本地垂迹説の仏とカミの関係を逆転させて、カミのほうがオリジナルで、仏のほうがコピーだとする理論も現れるようになりました。そんな具合にして、仏教のプレゼンスは土着の神々の信仰を弱体化させるどころか、強化したとさえ言えるでしょう。

徳川時代の国学の思想家、本居宣長（もとおりのりなが）は、日本固有の信仰の復元を志しました。彼は、インド発の仏教も中国発の儒教も、理屈っぽいことばかり大げさに言いたてているが、素直さがない、と言って批判しました。彼はそれまであまり尊崇を受けていなかった古事記を再発見して、その非常に素朴な神々の説話の中にこそ人間の真実が宿っていると見なしました。

そういう素朴な素直さを求める気持ちはたしかに日本人の宗教心の中に潜在しているようですが、しかし、神道であれ、日本文化一般であれ、中国思想やインド思想を咀嚼（そしゃく）してできあがっていったものであることを忘れるわけにはいきません。だいたい、漢語を使用しなければ日本人は何一つ知的な話ができません。

■年中行事と通過儀礼

神道はなるほど日本の固有の信仰ですが、歴史を通じて、現実の日本の庶民の信仰は、公式通りの神道とも違う、仏教も道教も儒教も取り込んだような、複雑な世界でした。「民間信仰」「民俗宗教」の世界です。柳田國男の民俗学などが明らかにしようとしてきた世界です。

昔の日本の民衆の信仰世界はこんな感じです。

祭日が来れば、身を清めてハレの行事に臨みます。年末にはすす払いをし、正月には門松を立て、節分には豆を撒いて邪気を払い、お彼岸には墓参りをし、灌仏会（かんぶつえ）では甘茶をかけて仏を祝し、お盆には先祖供養の読経を行ない、秋には収穫の祭りをします。都市では夏祭りもあります。年中行事だけでも神道だか仏教だかよく分からない世界です。年中行事を決める暦にも、「仏滅」「友引」といった、オカルト系の民間信仰が入り込んでいます。

人々は氏子として神社に組織され、檀家としてお寺に組織されています。結婚に際しては三三九度の盃（さかずき）をかわし、子供ができたら産土神（うぶすながみ）を祀り、男は四十二歳、女は三十三歳の大厄など、厄年が来たら神社かお寺に行って厄払いの祈願を行います。六十歳を超せば還暦を祝います。

病気になったら修験者に調伏してもらうか、病気治しの評判のある神社を参拝したり、お寺で護摩を焚いてもらったりします。葬儀にあたっては、枕元に飯を盛って箸を立て、親類が集まって通夜を行い、白いものを着せて僧侶に読経してもらいます。火葬か土葬ののちには、戒名を書いた位牌が遺されます。初七日をはじめ四十九日まで何度か法要を営みます。三十三回忌を過ぎれば、死者は晴れて「先祖」の仲間入りを果たすとも言われます。仏教の形をとっていますが、かなり土俗的な信仰です。

そして、病気や死を機縁として深い信仰に目覚めた者は、本格的な寺社の参詣や、巡礼、あるいは坐禅のような修行の道もあります。

おおよそこんな宗教空間の中にほとんどの日本人は生きてきました。これらの行動パターンを仏教と神道のどちらかに分けて整理することにはほとんど意味がありません。

その他の宗教

other religions

古代から存続しており、歴史的影響力の大きかった宗教、および信者数が多い宗教としては、ユダヤ教、キリスト教、イスラム教、ヒンドゥー教、仏教、儒教、道教、神道の名が挙げられます。これらについてPARTⅡで解説してきました。

国際ニュースを見ていく上で、あるいは歴史を勉強する上で重要な宗教としては、さらにゾロアスター教、ジャイナ教、シク教の名も挙げておきましょう。これらの宗教を簡単に解説しますと……。

■ゾロアスター教

歴史的によく知られているのですが、今日ではまったく少数派になってしまった宗教です。ゾロアスター（正しくはザラスシュトラ）は開祖の名前です。哲学者ニーチェの『ツァラトゥストラはかく語りき』はこの人物が語ったという名目で書かれていますが、これは名前だけ借りてきたものであり、思想的には無関係です。

それはともかく、これは、紀元前七世紀〜六世紀頃のペルシャの人物と推定されるザラスシュトラの教えに様々な信仰が習合して歴史的に形成されていった宗教です。

主神をアフラ・マズダーと呼びます。他にも複数の神格があり、善霊と破壊霊との闘争を強調します。ゾロアスター教は、善悪の対立、終末の審判、天国と地獄などの概念で、後世の種々の宗教、とくに一神教に影響を与えたとされます。

正義の象徴として火を重視するので、拝火教の異名をもっています。仏教の密教でも火を焚く儀礼（護摩と呼ばれる）を行ないますが、ゾロアスター教と関係があるのかもしれません。ペルシャとインドは関係が深く、主神の名に含まれる「アフラ」はインドの魔神アスラ（阿修羅）と語源的に同じです。

現在ゾロアスター教は「パールシー（＝ペルシャ人）」の名でインド、ペルシャ、北米などに十数万人ほどの信者がいます。

■ジャイナ教

ジャイナ教は仏教誕生と同時代にインドの地に生まれた宗教です。開祖は紀元前六世紀～五世紀頃の出家遊行者ヴァルダマーナです。尊称はマハーヴィーラないしジナです。

仏教とジャイナ教は本来よく似ていたらしいのですが、仏教が時代とともに教理を多様化させてインド国外で大いに発展し、アジア各地に文化的な影響を与えたのに対し、ジャイナ教のほうは仏教よりも厳しい禁欲的な教理を守り続け、インド国内の特異な少数集団にとどまり続けています。

ジャイナ教は仏教と同様、出家者と在家者とを分けます。輪廻からの解放を求め、禁欲に専念します。動植物や無生物に霊魂を認め、不殺生（アヒンサー）の教理を徹底的に守ります。このためジャイナ教徒は農業を避け、商業に従事する者が多いと言われます。

ジャイナ教を有名にしているのは、この徹底した不殺生ないし非暴力の倫理です。インド独立の父として有名なマハトマ・ガンジーの非暴力闘争も、この思想を参考にしたとされます（ちなみにガンジーはヒンドゥー教徒です）。

■シク教

シク教もインドで生まれた宗教です。これは歴史的には最も若い宗教です。中世以来、インドの地に西からイスラム教が入り込み、地元のヒンドゥー教にいろいろと影響を与え続けていますが、こうした文化的接触の中で、一五世紀にヒンドゥー教の改革派として登場したのがシク教です。開祖はナーナク（一四六九〜一五三九）です。

インドの宗教らしく輪廻転生を信じるのですが、神はイスラム式に唯一神となっています。カーストを否定しているのが、非常に重要な特徴です。

開祖の宗教的な詩などを集成した『グラント・サーヒブ』を教典としています。これは書物でありながらグル（指導者）の地位を与えられており、『グル・グラント・サーヒブ』とも呼ばれます。

シク教の寺院はグルドワーラーと呼ばれます。寺院で無料で食事を振る舞う習慣があります。

また、シク教の主流をなすカールサー派の男性信者は、ターバンをまいて髭を伸ばしています。このターバンと髭もシク教のシンボルのようになっています。欧米でもよく見かける姿です（昭和の漫画ではインド人というとターバン姿に描いていましたが、これはシク教徒の外見をインド人一般の風俗だと考えたところから来たもののようです）。

■さらにその他の宗教

世界には無数の宗教があります。アジアやアフリカやアメリカの様々な民族、部族、少数民族が固有の伝統的宗教を信じています。アメリカ先住民のナバホ族にはナバホ族の宗教的伝統があり、アフリカの未だイスラム教もキリスト教も定着していない地域の部族には、その部族固有の宗教的伝統がある、といった具合です。そうした宗教の多くは民族や部族の生活習慣と一体化していますから、「○○教」という名前で呼ばれないことが多いのですが、それでも立派な宗教的伝統です。

また、キリスト教や仏教などがメインの地域でも、民間レベルでは、そうした宗教の公式見解とは異なる宗教的習慣をもっていることがしばしばあります。そもそも多神教においては様々な神様が増殖する傾向がありますので、公式通りの宗教なのか、特殊な民間信仰なのか区別しがたいですね。

日本などはまさにそうであり、日本人一般が、仏教とも神道とも儒教とも道教ともつかない混交的な信仰をもっています。日本では幕末以降の近代化の中で、たくさんの「新宗教教団」が生まれました。天理教や大本（おおもと）は神道系、霊友会や創価学会や阿含（あごん）宗は仏教系といったふうに、神道か仏教かのどちらかの系統に属するものも多くあります。しかし、土台にあるのは神仏習合的なブレンド型の伝統です。

なお、平成期には伝統宗教と直接つながらない幸福の科学のような教団が発展するようになりました。伝統とは異質な教団の一つであるオウム真理教はテロ行為に走り、宗教への不信を招きました。

近代の新宗教教団としては、アメリカに始まるモルモン教（末日聖徒イエス・キリスト教会）やエホバの証人などの名が挙げられるでしょう。これは歴史的にはキリスト教の系譜上にありますが、いろいろな点で伝統的キリスト教と見解を異にしており、「新宗教」に数えられることが多いようです。

歴史的によく知られた主な新宗教

時期	教団	開祖	開祖の教え、教団の特徴など
幕末に始まる	天理教	中山みき	開祖みきは「神のやしろ」として癒やしと説法を行なった
	金光教（こんこう）	赤沢文治（あかざわぶんじ）（金光大神）	人の願いと神の心の「取りつぎ」を実践するというシステム
明治以降に始まる	大本	出口なお、出口王仁（おに）三郎	開祖なおは、神がかりし、世の「立て替え立て直し」を説いた
	生長の家	谷口雅春（まさはる）	大本系。生命自らが病を治すことを説き、政治にも影響力をもった
	世界救世教	岡田茂吉（もきち）	大本系。手かざしによる浄霊。多数の分派を生んだ
	霊友会	久保角太郎（かくたろう）、小谷喜美（きみ）	法華信仰ならびに先祖供養の在家教団として発展
	立正佼成会	庭野日敬（にっきょう）、長沼妙佼（みょうこう）	法華信仰。「法座」という末端組織を通じて人々の相談に応じる
戦後に成長	パーフェクトリバティー教団	御木徳近（みきとくちか）	モットーは「人生は芸術である」。ＰＬ学園は一時甲子園強豪校
	創価学会	牧口常三郎（つねさぶろう）、戸田城聖（じょうせい）	法華信仰の在家教団。戦後急拡大し、国際的にもSGI(創価学会インタナショナル)として知名度が高い
	真如苑	伊藤真乗（しんじょう）、伊藤友司（ともじ）	密教系で涅槃経を重視。霊能者が活動する

救済宗教

salvation religion

■歴史の中で消えていった宗教

今日でも、民族ごとに様々な信仰の伝統が生きていますが、過去においてはましてそうでした。たとえばキリスト教やイスラム教が優位を占める以前の西洋各地には、民族の数だけ宗教があったと言えるでしょう。

それは歴史あるいは美術史などでよく知られる神々の世界です。たとえばルーブル美術館に行けば、ギリシャ神話やローマ神話の神々を描いたり彫ったりした作品がたくさんあります。

「ミロのビーナス」はビーナス（これは英語読み、ローマの女神ウェヌス）の彫像です。これは美の女神であり、ギリシャ神話アフロディーテーのローマ神話バージョンです。

「サモトラケのニケ」はニーケー（勝利）というギリシャの女神を彫ったもの。天使のような翼をもっていますが、この翼がロゴマークのモチーフとなったといわれるのがナイキのシューズです。

翼といえば、天使みたいに翼をはやしたいたずらな幼児の愛の神キューピッドがいますね。これはクピードー（欲望）というローマの神で、別名はアモル（愛）。ギリシャ神話バージョンではエロース（愛）と呼ばれます。紛らわしいのですが、キリスト教の「天使」とは本来無関係です。

このように、古代では、ギリシャ人にはギリシャの神々、ローマ人にはローマの神々、そしてエジプト人にはエジプトの神々、ペルシャ人にはペルシャの神々……、ゲルマン人にはゲルマンの神々……がいたわけです。いずれも多神教です。そしてそれらはキリスト教やイスラム教が地域の多数派になっていくにつれ、姿を消していきました。

■一神教の伸長

こうした多神教の神々は、しばしば、たとえばローマ皇帝の権力など、既存の政治勢力と密接な結びつきをもっていました。ローマ皇帝は自らが神であると名乗り、神の権威をもって、しばしば過酷な植民地支配を行ないました。多神教は人と神との距離が近いので、王様のような人間を神と崇めることで、社会の差別を固定化することがあるわけです。

新来の一神教はそうした政治的な権力の横暴を糾弾しました。キリスト教もイスラム教も、「一神教は人間の平等を保障し、多神教は人間を差別する」という通念をもっています。

もっとも、いざキリスト教やイスラム教が権力を握ってしまうと、今度はそれらの宗教が権力をふりかざし、異教徒を差別するということを行なってきました。まさに「歴史は繰り返す」です。

ちなみに、インドから東のほうでは、文化の発展の仕組みが違った方向に作用していき、多神教文明はそのまま存続・発展しています。かくして古代のインド人の神々の信仰は今日ヒンドゥー教となっており、中国人の神々の信仰は道教となり、日本人の神々の信仰は神道となっています。

こちらの世界では、こうした神々の信仰の上に、仏教などの悟りの修行や、儒教などの礼節の教えを重ねることで、世の中の正義のバランスをうまく調節する、という形におさまったわけですね。

■共同体の宗教と個人救済の宗教

宗教の発展と勢力争いの歴史を整理するにあたって、様々な二分法が試みられてきました。神様が複数ならば多神教、一体ならば一神教、民族の枠を超えないならば民族宗教、民族を超越するならば世界宗教と呼ぶ、開祖のあるなしで宗教を分類する、等々……。

そうした分類法は、しばしば学者の机上の空論のようなものになります。民族を超えるかどうかなんて偶発的なものですし、神が一体かどうかだって、現実にはかなり微妙です。

そうした分類の中でも、注目したいのは、「救済宗教」という概念です。これは、仏教やキリスト教やイスラム教のように、個人（の魂）を救う、解放することを謳い文句にしている宗教のことを指します。

宗教が個人を「救う」のは当たり前じゃないか、救いが宗教の仕事じゃないかと思われるかもしれませんが、歴史的に見れば、必ずしもそれは真ではありません。

人間は一人一人が独立の個性であると同時に、社会的・共同体的な生き物でもあります。文化や言語や制度の共有がなければ「人間」にすらなれない。というわけで、人間には「共同体」の側面と「個人」の側面があります。ですから、宗教にも、共同体の安寧を祈念することに力を入れる宗教と、個人の救いに力を入れる宗教とがありました。

歴史的に見れば、個人の救いは比較的新しいテーマだったと言えます。古い時代ほど、人間は特定の部族やムラの秩序の中に埋もれて暮らしていたので、宗教のメインの機能は特定の共同体の安寧を祈るお祭りにあったのです。

紀元前五世紀前後あたりから、人類の文化は個人の生きざまや運命にいっそうの焦点を当てるようになっていきました。たとえば、インドでは釈迦などが個人の解脱のための修行法の開発に専念しました。中国では孔子が仁などの徳を説きました。ギリシャではソクラテスやプラトンが、魂が哲学の最重要課題だとしました。

紀元前後にローマ帝国が強大な権力を握り、地中海沿岸一帯の諸民族を支配したとき、文化的に根無し草になった人々は、やはり個人レベルで魂を救ってくれる神々を求めるようになりました。様々な新宗教が競争したのですが、もっとも広まったのがキリスト教、およびローマ滅亡後にアラビア半島に始まったイスラム教でした。

というわけで、個人の修行をコアとする仏教や、個人と絶対神との関係を重視するキリスト教やイスラム教などが、世界を席巻するようになったのです。

個人救済が宗教の重要なテーマになったという次第です。

■どの宗教も個人救済を行なう

ただし、ここでも注釈が必要です。

仏教やキリスト教やイスラム教もまた、信者の共同体の安寧を祈願します。さらに国家と結びついて、ナショナリズムを演出することもあります。

他方、もともと共同体のお祭りに主眼を置いており、ナショナリズムとの結びつきの強い神道などの宗教でも、神様が個人の救いにかかわっています。

少なくとも現代においては、たいていの宗教が、共同体の宗教と個人救済の宗教の両側面を兼ね備えているということを覚えておいてください。

PART III

宗教学から見えてくること

アニミズム

animism

■霊を信じる人は多数派

「宗教」というと説教臭い教えという感じがするためか、あるいは組織への強い帰属を思わせるためか、日本では「私は宗教は信じない」という人がかなりいるのですが、その一方で、霊魂の存在ならば受け入れられるという人も多いようです。

たいていの宗教の教えは、人間の生命や意識の本質のようなものを意味する魂や霊の存在を前提としています。キリスト教ですと、その魂が死後に神の裁きを受けるわけですし、仏教ですと、輪廻する主体はやはり霊のようなものだということになります。

各宗教の教えは違うが、前提としているものに共通点がある。となると、この霊や魂の実在の信仰は、諸宗教の基層レベルにあるいわば「基本的宗教」ということになりそうです。

霊魂の存在を前提とする文化をアニミズムと呼びます。文化人類学者のE・B・タイラーが提唱した概念です。原始時代からあるアニミズムが進化していわゆる宗教の形をとるようになったのではないかと、考える学者が大勢います。

多神教の世界の「神々」は様々な自然物や観念に神格を与えたようなものであり、様々な事物に霊が宿っているというアニミズムの考えと紙一重のところにあります。日本人の宗教観は、仏教、儒教、道教、神道の枠に押し込まずに、流動的な「民間信仰」「民俗宗教」のレベルで捉えたほうが理解しやすい側面をもっています。アニミズムのレベルから高度な修行や悟りや礼のレベルまでの幅をもっているのが、日本の宗教空間だと言えるでしょう。

■アニミズムの語源

アニミズムの語源になったアニマとはラテン語で「魂」のことです。それはもともと息を意味する言葉だったようです。呼吸は生命の基本ですから、古来、人類は息を生命の本質と考えてきました。英語のスピリットも本来は息のことです。

アニマと関係のある言葉に、アニマル（動物）があります。これも語源的には

「息のある、生命のある」という意味です。そして絵を命あるもののように動かす技術をアニメーションと言います。

ちなみに、国民的人気のあるジブリアニメの世界では、アニメーションとアニミズムがタッグを組んでいますね。たとえばトトロの森。アニメの設定ではトトロは楠に棲(す)む生き物ですが、マジカルな力を持っており、生態系を織りなす生命の力を象徴する精霊的な存在です。神道の神でも民間信仰の神でさえもないのですが、妙に説得力があって、里山というとトトロを連想するまでになりました。『もののけ姫』のシシ神も、『千と千尋の神隠し』の湯屋にやってくる八百万の神も、『風の谷のナウシカ』の腐海の王蟲(オーム)すらも、日本人の自然崇拝と霊魂信仰の「心の琴線」に触れるものをもっているようです。

なお、『千と千尋の神隠し』の「神」は英訳ではスピリットとなっていました。「神隠し」に当たる英語が spirited away（連れ去られる）であることに引っ掛けていると思われますが、たしかにジブリの描く「神々」は神と呼んでも霊と呼んでもよさそうな存在です。

■霊・魂・霊魂

「霊」あるいは「魂」あるいは「霊魂」という言葉は、物理的な生命と精神的な生命との両方に足をかけています。人間や動物を生かしている物理的な生命力のようでありながら、同時に、死後にも存続する精神的な存在のようでもあります。

精神的な存在ということであれば、それは「意識」のようなものにも近い。死んで魂が抜けだして、その魂が自分を見ているという幽体離脱のイメージでは、魂を意識と言い換えてもよさそうです。

また、魂は「大和魂」のように、集団の根性のようなものも表します。

英語には spirit と soul という言葉がありますが、この使い分けは「霊」と「魂」に似ているようでいて、少しズレがあります。どちらも個人の霊魂を指しますが、spirit には作用の感じがあり、soul には（心の底に鎮座ましましているような）本体の感じがあります。ですから、集団的な「精神」「根性」はスピリットですし（パイオニア・スピリットなど）、妖精や幽霊のように外側にいて働きかける存在もスピリットと呼ばれます。

ソウルのほうは、ソウル・ミュージック（ポップ音楽のジャンル）、ソウル・フード（伝統的な黒人料理）、ソウル・メイト（魂の共鳴する友）といった、何か心に触れるものといった意味合いをもつ言葉の中に入り込んでいます。

■様々な姿の霊

人間の外部にいる霊には、無数のバリエーションがあります。

自然界の下級の神々のような精霊たち。アラジンのランプから出てくるジンというのもアラブ文化圏の精霊です。霊が動物の姿で現れることもあります。人工物が霊魂を帯びてしまいますと、「ゲゲゲの鬼太郎」の世界になりますね。そういうのは妖怪と呼ばれていますが。

妖怪よりもきれいな感じなのは妖精ですね。アイルランドや英国など、ケルト文化の基層のあるところでは、妖精信仰が今でも生きていると言われます。

人間の霊では、先祖の霊、祖霊がいますし、きちんと祀られていない、「成仏」できない霊として幽霊や死霊がいます。日本では古来、非業の死を遂げた貴人などが死後に怨霊になるという信仰があり、中世にはこの怨霊による伝染病を祓うためのお祭りが発達しました。都市の夏祭りはそういう起源のものだと言われます。

生きている人間から霊魂が飛び出して、怨念をはらすということもあるようです。生霊です。『源氏物語』に出てくる六条御息所は知的サロンを主催する貴婦人ですが、男女関係では嫉妬の念を抑えることができず、生霊になってしまいます。

そういう祟るばかりが霊なのではありません。神様の使いである天使というのも、起源からすれば、やはり精霊のようなものですね。様々な宗教が天の使いの観念をもっていますが、東アジアでは天人や天女がそれに当たります。

天使が神様から離反すると堕天使となる。これは悪魔のことです。なるほど、悪魔というのも悪霊の親玉ですから、霊の一種ということになります。

シャマニズム

shamanism

■脱魂と憑霊

アニミズムと並んでよく知られている宗教学用語にシャマニズム、あるいはシャーマニズムがあります。これはシャマンないしシャーマンと呼ばれる霊能者を中心とする文化のシステムのことです。

シャマンはシベリアの民族の言葉で呪術師のことですが、語源はインドのシュラマナ（遊行者）にあるとも言われます。シュラマナは日本語で沙門となっています。あちこちで修行したり加持祈禱したりするお坊さんのことですね。「しゃもん」と「しゃまん」、なるほど似ています。

シャマンには二種類あるとされます。一つは異常な意識状態（トランス状態）になって自分の霊魂を飛び出させ、霊界を旅させるシャマンです。旅の中で様々な霊に働きかけます。これはシベリアなどに多いタイプのシャマンです（脱魂型と呼ばれる)。

もう一つは他人の霊が憑くタイプです(憑霊型、憑依型)。こちらは日本や韓国、東南アジアなどに多いとされます。

実際、日本には霊が憑く霊能者が多いですよね。伝統的なものとしては、青森県の恐山にイタコと呼ばれる女性シャマンがいます。琉球王朝時代にはノロと呼ばれる女性祭司が国家の宗教・政治体制において大きな役割を果たしましたが、こちらも神々を憑依させることができたようです。

■新宗教と女性教祖

日本では幕末以降、数多くの新宗教教団が誕生しました。少なからぬ数の教団が女性教祖をもっています。これは圧倒的に男性教祖の多い世界の諸宗教と比べたとき、日本に特徴的な現象です。女性教祖は霊能者であることが多く、卑弥呼以来の伝統を感じさせます。

たとえば幕末に誕生した天理教の開祖は中山みき(一七九八~一八八七)という

農家のお嫁さんでした。あるとき、神が憑くようになり、やがてその神のお告げを中心に教団が生まれました。場所は奈良県天理市のあたりですが、天理に生まれたから天理教というネーミングの順番ではなく、天理教が生まれた土地だから天理と改称したものです。

■憑霊パフォーマンス

霊が旅するとか霊が憑くというのは、信仰的な立場から見れば、文字通り霊という物理的・精神的存在の作用ということになりますが、オカルトめいたものを信じない世俗の立場から見るならば、それはあくまでも心理現象ということになるでしょう。

そうした心理現象はシャマニズムという文化的な仕掛けがあるとき、機能します。つまり霊能者自身も周囲の人間も霊の存在を信じているとき、霊能者がまさにトランス状態になる。そしてそれを「まさに霊の仕業だ」と解釈する人々の意識が、霊能現象を成立させます。

ですから、極端に言えば、本格的なトランス状態など起きていなくても、人々の期待の中でシャマニズム的現象が成立します。

たとえば、宗教学者の鎌田東二がイスラム神秘主義者の知人と一緒に恐山の円通寺を訪ねたときの様子を見てみましょう。

恋人を交通事故で亡くしたという、横浜から来た若い女性の前で、イタコが「憑依」し、その恋人の「声」で語るのですが、傍で見ている限りはぜんぜんリアリティがなかったらしく、鎌田氏と知人は目配せをして「どうもね」という顔付きで見守っていたと言います。しかし、

……驚いたことに、その「声」を聞いていた若い女性はみるみるうちに眼をうるませ、大粒の涙を浮かべ、しきりに「うん、うん」と頷きはじめたのだった。彼女はそこで「彼の魂」に会っている。その臨在を感じとっている。

（鎌田東二『聖地感覚』角川学芸出版、五九頁）

鎌田氏は、「イタコをイタコたらしめるこの霊的文化装置の厚みと機能に嘆息した」と言います。

憑霊者を訪ねるクライアントは霊の声を求め、慰めを求めている。憑霊者はその声を提供する。それが「芝居」であったとしてもちっとも構わないのは、クライアントが求めているのが、本当は「慰め」であるからでしょう。その慰めは死んだ当人（の霊）から来るものではないとしても、人々（イタコや周囲の人々）から来るものであることは確かです。慰めるイタコと慰められるクライアントが同じ宗教文化を共有する一種の精神的な「共同体」をつくっているのです。要するに共同体が慰めてくれる。人間とは共同体的な生き物だということが実感できるエピソードですね。

■広義のアニミズム・シャマニズム文化

日本人は、仏教のものであれキリスト教のものであれ、がっちりした教義をうざったく感じる傾向があります。その分だけ、曖昧なままに演じられる宗教的なパフォーマンスないし儀礼に神秘的な真実を見出し、それで満足する傾向が強いのかもしれません。

たいして信じていなくても、正月には神社を参拝し、葬式では神妙な顔をしてお焼香する。星占いであれ、「血液型性格学」であれ、正面きって信じていなくても……少しは信じている。

そういう伝統においては、愛する者の死を迎えた人々が、僧侶や牧師の説教よりも、かすかな霊的予兆のようなもののうちに納得を求めたとしても不思議ではありません。

そのような意味でのアニミズム・シャマニズム文化は、歴史的大宗教の権威が弱まっている先進各国において、むしろ顕在化しているとも言えます。降霊会などは、一九世紀頃の英国に生まれた文化です。

神話

myth

■起源の話

宗教といえば神様、神様といえば神話、と連想が進みます。神話とはいったい何でしょうか。

最も彩り豊かな神話として有名なのがギリシャ神話ですね。最も偉い男神ゼウス、妃のヘーラー、太陽神アポローン、美の女神アフロディーテー、海の神ポセイドーンなど、八百万の神々が揃っています。一番偉いゼウスの血筋の一族はオリュンポスという山の頂に居を構えていることになっています。

私たちが思い浮かべるギリシャ神話の世界は、詩人や芸術家によるイメージですので、信仰の実態とは違っているようです。日本の神道の神々の場合もそうですが、村々で土俗的な祭礼が行なわれ、その祭神として、神々にまつわる様々な昔話や起源譚が語られていたことでしょう。

宗教学でいう「神話」とは、神々の織りなすドラマでは必ずしもありません。むしろ、物事の起源を表す「太古の物語」「ご先祖さまの物語」というのが神話であり、その中に祖霊のような神霊のようなものが登場します。

それは集団が語り伝えた物語であり、話の展開はしばしば奇妙です。奇妙だろうが何だろうが、「とにかくそういうもんだ」という感じで受け継がれてきたわけです。

いわゆるギリシャ神話ですと、ゼウスの不倫の話とか、翼の膠(にかわ)が溶けて空から落っこちてしまったイカロスの話とか、話の筋がだいぶ合理化されており、普通のファンタジーとして読めてしまいます。ナマの神話とは少し肌合いが違っているかもしれません。

■穀物の女神

かなりヘンテコな神話を見てみましょう。インドネシアのある島に伝わる神話としてよく知られたものですが、それによると……。

まず、ココヤシから生まれた少女ハイヌウェレが様々な宝物を大便の形で出します。村人たちは不気味に思って少女を殺してしまいます。肢体があちこちに埋められるのですが、それぞれからイモが発生します。そしてこれがイモという食物の起源なのです。

このタイプの食物起源譚は世界各地に広まっており、日本の古事記にあるオオゲツヒメの物語も、この類型に属します。それによると……。

オオゲツヒメが体のあちこちから食べ物を出して、天から下りて来た神様スサノヲに差し出します。スサノヲはヒメを殺してしまうのですが、死んだヒメの頭から蚕、目から稲、耳から粟、鼻から小豆、陰部から麦、尻から大豆が出現し、これによって神々の世界で農業・養蚕が始まったとされます。もちろんこれは人間界の農業の起源譚でもあります。

いったいなぜ、少女や姫様を殺すことと農耕が始まることとが結びついているのでしょうか。

合理的に推定すれば、家畜（あるいは人身御供）を殺して皆で食べるという儀礼と、肥やしの施された畑から様々な作物が生まれるという事実が合体して出来た物語かもしれません。しかし、神話として語り継がれている限りは、もはやそういう脈絡は分からなくなっています。分からないままに人々は伝え、記録された。物事の起源譚であり、しかも含蓄が深すぎて意味不明になっているのが、神話の一般的な姿です。

ハイヌウェレやオオゲツヒメの神話を現在の私たちが強いて教訓的に解釈するならば、「農作物などの自然の恵みは何らかの犠牲の上になりたっている」という訓戒ということになると思います。我々は自然を「殺し」て生きているのだ、自然に謙虚であれ、と。

■天地創造の神話

古事記はその種の神話の宝庫ですが、もう一つ、有名な神話集として、聖書の中に収められている創世記の例を挙げてみましょう。

創世記の冒頭で、神は六日間で天地を創造します。太陽と月が創造されたのは四日目なので、それまでの三日間、どうやって日を数えたのか不明ですが、物語の趣旨は、世界の起源に「神」という超越的な意思がかかわっていることでしょう。要するに神様は偉いということです。日々の暮らしにおいて神の恵みに感謝しましょう、と。

正統派のキリスト教会では、創世記の記述は物理学的な意味での宇宙の開闢（かいびゃく）（たとえばビッグバン）とは無関係の「神話」であると解釈していますが、アメリカなどの一部の信者たちは、これを物理的な意味での宇宙創造の事実だと考え、したがって天文学も生物学的進化論も嘘であるとして退（しりぞ）けています。

聖書の天地創造神話の解釈で、ふるっているのは、日本の仏教哲学者である鈴木大拙（だいせつ）によるものです。彼は戦後にアメリカの大学などで禅を講義し、禅の国際的普及に努めたのですが、ある国際会議の席上で、創世記の天地創造の話をもち出したそうです。

「神は六日で天地を創った。だが、誰がそれを見ていたのか？」

そう大拙は問うのですが、何のことだか分からない出席者たちはポカーンと口を開けて、大拙の次の言葉を待っています。大拙はおもむろに、「わしが見ていたんじゃ」と答えたというのです。

これは神話の解釈として、一つの重要な視点を投げかけた問答だと言えると思います。というのは、太古の神の業として書かれていても、それを読んでいるのは今の人間です。あなたや私がその神話を読んでいる。人間が生まれる前の天地創造の日々の様子を「見ている」のは、他ならぬ、その神話を今現在読んでいる「私」であり「あなた」なのです。

神話を「歴史の記録」として読まない以上、究極的には大拙のような読み方が常に出てくるはずです。神話は、遠くの他人のことを語っているのではない。あなた自身の心の問題を語っているのだ、と。

■広義の神話

なお、神話というのは物事の起源を示す――歴史的事実とは必ずしも関係のない――物語のことですから、広義には、たとえば宗教の開祖の説話なども神話のようなものだと考えることができます。

悪魔の誘惑をふりきった釈迦が菩提樹(ぼだいじゅ)の下で悟りを開いて、仏教が始まった――この物語にはだいぶ神話の色付けが施されているようです。イエスが十字架の上で死んで復活し、そこからキリスト信仰が始まった――少なくとも復活の部分は神話だと言うべきでしょう。

儀礼

ritual

■儀礼の目的

宗教のコアにあるのは神仏の話——神話や神学——ですが、もう一つコアと言っていいものが儀礼です。

儀礼とは一定の型にしたがった動作です。短くは挨拶のようなものがあり、長くは結婚式のセレモニーのようなものがあります。宗教では、お寺でも教会でも神社でもモスクでもいろいろな儀礼を行ないます。そのさいに祈りや読経などの「動作」の中には言語的なものまでが含まれます。

一定の型にしたがった動作といえば、腕立て伏せなどもありますが、こういうのはふつう儀礼とは言いませんね。腕立て伏せには筋力トレーニングという分かりやすい理由があるからです。これに対して読経をやっても神社でパンパンとやっても、何をトレーニングしているか分かりません。一見、まったく無意味な動作のように見えます。

そういう意味不明の反復的動作を儀礼と呼ぶわけですが、それでも、それは心を落ち着かせるとか、神仏を大切にする心を養うとかの目的があると言えます。結局、儀礼とふつうの合理的動作との間に絶対的な境界線は無いと言わなければなりません。

日々の挨拶は儀礼ですが、人間関係を潤滑にするという立派な理由があります。

■ユダヤ教やイスラム教の場合

ユダヤ教徒は儀礼に熱心です。年中行事がたくさんありますが、そうしたお祭りは儀礼としてのセレモニーです。また一週間に一度やってくるまったく労働しない日、すなわち安息日は、一日がまるごと神様の賛美という儀礼で成り立っているとも言えます。ずっと祈りの文句を唱えているわけではなく、「何もしない」という儀礼をやっているわけです。

「何もしない」という点では、安息日は、仏教の坐禅や瞑想などに近いものだと言えます。坐禅は何もせず坐ったまま無念無想になることを目指す儀礼です。

同様に、南無阿弥陀仏や南無妙法蓮華経を唱え続けていれば、やっぱり無念無想になるでしょう。いずれも、絶えず揺れ動く意識に囚われることを止めさせ、心を静かな境地にまで導き入れるための反復トレーニングだと言えるでしょう。

イスラム教には、一日に五回、メッカの方に向かって祈るという儀礼――サラートと呼びます――があります。でたらめに五回やればいいのではなく、おおよその時間帯が決まっています。今ではネットで調べれば世界各地におけるベストの礼拝時間が分かるようになっています。

イスラム式礼拝もまた、信仰をすっかり身に着けるというトレーニング的要素があるようです。人生、日向(ひなた)にあっても日陰にあっても、常に神への感謝を忘れず、まったく定型の儀礼を反復し続ける。これによって出来上がった「イスラム的な体質」が信仰においてものを言うわけです。

たとえば、あなたが年老いて、もう世俗のことが何もできなくなったときでも、日ごろ使っていたパソコンも通信機器もテレビもＤＶＤもすっかり使い方を忘れてしまったときでも、子供時代からの習慣である礼拝は忘れないでしょう。そうなると、アッラー、アッラー、アッラー三昧で有難く来世に向かうことができるかもしれません。

日本にも、昔は、念仏三昧のうちに大往生を遂げたという熱心な浄土信仰者が大勢いたと言います。宗教の反復トレーニング——儀礼——のもつ効用の一つです。

■儀礼・神話・神学

キリスト教のミサ（カトリック）、聖餐式（プロテスタント）、聖体礼儀（正教）と呼ばれる日曜ごとの儀礼では、神父や牧師が執り行なう儀式によって、パンとワインをキリストの身体と血として記念します。

こういう儀式はどこか神秘的ですね。パンとワインと開祖キリストとの間にいったい何の関係があるというのでしょうか。

まず、これは聖書の告げる物語に即して行なわれる儀礼です。実際、福音書の中に、キリストが弟子たちと「最後の晩餐」をとったときに、パンとワインを私の身体と血として記念せよと告げたと書かれています。

また、パンは「命の糧」であり、キリストが「（精神的な）命の糧」だという理解がここには働いているようです。

キリストが最後の晩餐をとったのは、ユダヤ教の過越（すぎこし）というお祭りの時であり、そのお祭りにおいては、羊が神様に捧げる犠牲として屠られました（その肉を皆で分け合って食べました）。というわけで、犠牲になって血を流す羊のように、キリストは犠牲になって、人類の罪の「お祓い」をした、という比喩的な関係が成り立ちます。

このように、宗教の儀礼の多くは、その背後にある神話や神学を理解して初めて、式次第の意味合いも、全体の意義も見えてくる、というようなものです。

■人生の儀礼

通過儀礼というのは、誕生、成人式、結婚式、葬式といった人生の節目節目を記念する行事です。七五三というのも一種の節目の儀礼ですし、中年になってお祓いをしてもらう「厄年」なんてのもそうですね。六十歳の還暦を迎えて赤いチャンチャンコを着る人は今では珍しいかもしれませんが、これもまた通過儀礼だと言えるでしょう。

また、教団などに加入する儀礼のことをイニシエーション（加入儀礼）と呼ぶことがあります。たとえばキリスト教徒になるときの洗礼式などがそれです。

現代の日本人は伝統的に定まった宗教的儀礼を行なうことが少なくなりました。それにもかかわらず、「体質」としては日本人は儀礼好きだと言えるかと思います。日本には、茶道、華道、香道、俳諧の道、剣術、柔術のように、何かしら宗教的な精神性を帯びた習い事がたくさんありますが、これらの多くは儀礼的な所作を大変に重んじます。いずれも禅を中心とする仏教文化の影響のもとに生まれたものですが、皆で茶と茶菓子をいただく茶道などは、キリシタン時代のミサの影響があるのではないかと考える人もいます。ミサでは皆でパンとワインをいただくからです。

仏教の下に隠れて見えなくなっていますが、日本文化に大きな影響を与えた儒教は、儀礼と礼儀を重んじる宗教です。日本人が観念よりも共同体の動作に重きを置くことには長い歴史的背景があると言えるでしょう。

死後の世界

life after death

人は死んだらどこへ行くのでしょうか。いや、私がその答えを知っているわけではありません。人は死んだらどこへ行くと宗教は教えているのでしょうか。新聞や雑誌の記事などでは死んだ人について「天国へ行った」とか「天国で見守っている」とか書くことが多いようです。しかし、この天国というのはキリスト教徒の来世なのでは？　日本人の多くは仏教徒ですが、仏教の来世は極楽？　それとも果てしない転生？

キリスト教や仏教の来世について、整理しておきましょう。実はこれがかなりややこしいんです。

■地獄、煉獄、天国

ユダヤ教、キリスト教、イスラム教の来世観は、「終末」がらみです。つまり、教理として大事なのは、何よりもまず世界の終末と、終末における神（キリスト教ではキリスト）による審判、最後の審判です。最後の審判によって、人間は天国行きになるか地獄行きになるかが決まります。

では、終末前に死んでしまった人は？　個人の死と世界の終末の間には時差があります。

死んだ人はそのまま墓場で眠っているのか？――そういう説もあります。

それとも、とりあえず天国（のような所）か地獄（のような所）に仮住まいすることになるのか？――少なくともキリスト教ではこの説が有力になったようです。

話はさらにややこしくなっています。

キリスト教のカトリックでは、死者のほとんどは煉獄に行きます。完璧な善人でも完璧な悪人でもないふつうの凡人は、煉獄に行って生前の罪のお仕置きを受けてから、身をきれいにして晴れて天国に向かうのです。ダンテの『神曲』が「地獄篇」「煉獄篇」「天国篇」の三部で成り立っているのはそういうわけです。

煉獄説は中世後期からある説なのですが、これには副産物というか副作用がありました。教会は、煉獄での罪滅ぼしが軽くなると言って教会への寄付を募りました。つまり「煉獄の沙汰(さた)もカネ次第」になってしまったのです。

一六世紀にカトリック教会の堕落を批判して始まったプロテスタント諸教会では、煉獄説は採りません。自分が死後・終末後どうなろうと、神様次第である。神様の意図を詮索するのはよしにして、人間は生前のことに励めばいい！――という精神でやっています。

カトリック教会もその後反省しましたが、今でも煉獄説を採っています。

■輪廻転生と解脱

仏教のほうも、キリスト教に負けないくらいややこしい来世観をもっています。まず、インドのオリジナルの思想では、人間は基本的に輪廻転生します。いつまでも生まれ変わることができてラッキーだと思われるかもしれませんが、インド人の見方はもっと悲観的でした。生前でも病気や貧困や戦争の苦しみがあります。これが死後も繰り返されるのです。しかも動物や虫に生まれ変わったらひどい目にあうかもしれません。

さて、仏教徒の目標は、こんな嫌な輪廻から離れる――解脱する――ために修行をすることです。

インド人は気が長いですから、解脱まで何万回も転生するなんて遠大なことを平気で考えていました。一つの便利な方法として、極楽に生まれ変われば、そこで楽に修行することができます（極楽行きも修行の一環でした。極楽は「上がり」じゃなかったんですね）。

しかるに東アジアの人間、ことに日本人は気が短いので、こんな悠長な計画にリアリティを感じない人が多いようです。日本仏教では、むしろ、坐禅をしたり念仏を唱えたりして、今・ここで悟ってしまうことを勧めます。

悟ってしまえば、来世のことで悩みません。無の境地にある人や、阿弥陀に救われた境地の人間は、死後に自分がどうなるかなんてことで、じたばたしないのです。

■死者の霊を「感じる」日本人

日本人の死生観はさらに多層的です。

将来やってくる自分自身の死については、究極的には坐禅の「悟り」や阿弥陀の

「救い」で達観できるかもしれません。

しかし、身内や親友が死にそうなときには、自分一人で悟ればいいというものではありません。愛する者が死んでしまったら、それまで対話していた相手が突如消えてしまう空虚感にしばらく茫然とするでしょう。

ここで、アニミズムやシャマニズムの霊魂観が浮上してくる日本人は少なくないようです。死者の霊がどこかにいる、と感じるんですね。

昔の日本人は死者たちは山の彼方の先祖の国に向かうと思っていたとも言われます。また、おじいちゃんが孫に生まれ変わる式の（インドとは異なる）転生も信じられていたようです。

日本仏教は、死に関して、今・ここの悟りや救いを提供すると同時に、死者の供養という儀礼を提供してきました。葬式仏教は日本仏教の代名詞になっています。

■現代の死生観

現代の先進国では、概して死後の世界が「軽く」なったようです。つまり地獄が信じられない。キリスト教徒の多くは、天国は信じても地獄を信じなくなってきました。現代日本人が輪廻を語るときも、地獄とか悪い所に生まれ変わることについては、さして心配しないようです。地獄とは悪い人間への懲罰（ちょうばつ）の空間ですが、現代人は慈愛に満ちた神仏が社会正義のために報復するとは思えなくなったのかもしれません。

現代ではまた、日本でも欧米でも、死者が「自然に帰る」といった式の死生観が一般的になってきています。

二〇〇六年頃に大ヒットした『千の風になって』という歌では、死者の立場で、自分は墓にはいないこと、だから墓に向かって泣かないでほしいこと、むしろ自分は風や雪や星になってあなたを訪れることを歌っています。

これは実は戦前にアメリカで書かれた詩の翻案です。原詩の内容もほぼ同じです。

この詩の特徴は、伝統宗教の来世観を拒否していること、自然回帰という点で「唯物論」的であること、しかしなお死者の霊が生きていることです。つまりアニミズム的ですね。

宗教的来世観は衰退しても、アニミズムは存続し続けるのかもしれません。

信仰と救い

faith and salvation

■人の集まりとしての宗教活動

多くの人にとって、宗教というのは文化的習慣のようなものですから、「死後の世界は本当にあるのか？」とか「神に祈りは届くのか？」とか「そもそも神は存在するのか？」といった問題で悩むことはありません。

この点、「信仰」という言葉に惑わされてはいけないでしょう。「この国の人々は信仰心に篤く……」などと言われると、一人一人が本当に神様の声を聴いて生きているかのように思ってしまいますが、お寺や教会によって組織された様々な行事に参加し、地域の精神的指導者であるお坊さんや神父さんのことを信頼している、といったようなのが実態です。

それは新宗教などの教団員についても言えます。多くの人は、教団における人と人のつながりを大切にしているのです。一昔前のムラ社会では寺院や神社などの行事やお祭りを中心に人々が交流をしていました。明治以降の近代化によって人々がムラを離れ、都会で「根無し草」の生活を始めたとき、しばしば新宗教教団が人々を精神的に支える働きをし、また人と人とのつながりによる「互恵」のきっかけを与えました。

今日、ヨーロッパ社会に大量に押し寄せているイスラム系移民にとって、モスクでの礼拝や交流には同様の意味があると思われます。人々がみな激しい回心（三四頁）をしてアッラー三昧にひたっているわけではないのです。

■三つの救い

大雑把に言って、宗教活動には次の三種類の「救い」があります。

第一は、今述べたような、人々の連帯という救いです。また、「自分はこの共同体に属している」というアイデンティティの救いとでも申しましょうか。この場合、極端に言えば、神仏の存在や、その宗教の教理などは二の次の問題にすぎません。

第二は、病気や、家庭の不幸、いじめ、失業、生活の不安などで「藁（わら）にもすがり」たくなっている人々に対して、「神仏やご先祖様の霊の働きで、事態が改善する」というマジカルな期待をもたせてくれるという救いです。

これは科学的に見れば不合理な期待ですが、実際に困窮したことのない人が、困窮した身の上を想像するというのはなかなか難しいものです。

次のように考えてみてください。多くの人は、基本的に希望をもって暮らしています。明日も一日元気で暮らせることを前提としていますし、一週間後、半年後、一年後の人生計画（学業の成功、結婚の見込み、子供の成長、家を買う、会社のプロジェクトを成功させる、旅行するなど）を大なり小なり期待して暮らしています。

こうした幸福な期待は、不合理なものとまでは言えないとしても、半分くらいは夢みたいなものですし、厳密には「科学的」ではありません。

さて、そうだとしますと、病気を典型とする不幸に陥った人にだって、「幸福な明日を夢見る《権利》」があるのではないでしょうか。

不幸と幸福の落差を埋めるのが「神仏の救い」に対する期待ということになります。それはなるほど不合理かもしれないけれど、日々を楽に生きて自分の幸運をラッキーと思っている人にとやかく言われたくはありませんよね。

さて、三つ目の「救い」は、宗教の公式教義による「救い」です。これは二番目の病気治しなどの「救い」とは少し違ったものです。

■達観という救い

仏教やキリスト教の教理によれば、神仏を信仰することに「救い」があります。しかしそれは必ずしも病気を治してくれるとか、生活の障害を取り除いてくれるとか、信者にとって都合のいい「救い」ではありません。

むしろ、病気が治らなくても、生活の障害を抱えたままでも、なお、そうした状態を「達観」できるようになるという、奥の手の「救い」があるようなのです。

これは普通の感覚では「救い」とは言えないのかもしれません。むしろ、自分を超えた大事なものが宇宙にはあるという「教え」であり、世界観であり、規範というべきでしょう。

エリザベス・キューブラー＝ロスという精神医学者が、病院で間近に迫る死を宣告された人が迎える精神的ドラマをいろいろと調べて、多くの場合、人は自分の過酷な運命を否定し、激しく抗うものの、やがて諦念し、穏やかに死を受容する段階が来ると言いました。常にそううまくいくとは限らないでしょうが、こういうのは実際にあるプロセスなんですね。

そういう達観、自分中心ではなく、カミサマ中心、運命中心、宇宙中心に考えるという世界観の転回、つまり回心の救いというのが、宗教の公式教義の「救い」ということになるようです。

■合理性を超えて

というわけで、一口に宗教の救いといっても、共同体に属するという社会的救い、苦難を乗り越えられるというマジカルな救い（の希望）、人生観が転回するという奥義としての救いの三つの次元は分けて考えたほうがいいように思われます。

一番合理的に理解しやすいのが、共同体に帰属することの救いです。ここでは神仏は何もしなくても、人々が互いのために親切に働くことで、実質的に救いがもたらされます。

もっとも、共同体への帰属、アイデンティティ意識というのは、それ自体、マジカルなところもあります。

だって、そうじゃありませんか。スポーツチームの応援合戦のことを考えてみてください。贔屓のチームが負けただけでほとんど暴動になる。それくらい人間というのは集団に埋没したい動物なんですね。

目に見えて不合理なのは、病気治しや開運祈願などのマジカルな救いですが、先ほど述べたように、呪術的な意識というのは潜在的に多くの人が共有しています。

ある意味最も神秘的なのは、達観や悟りや神仏に身を預けるものとしての救いかもしれませんが、宗教を信じない人の中にも、これを願わしい境地だと感じる人が多いでしょう。

宗教と文学

religion and literature

■宗教から芸術が生まれた

太古の人類の生活は、三六〇度にわたってすべてが宗教だったという考え方があります。狩りをするにも、田んぼを耕すにも、食事も、娯楽も、隣の部族との戦争も、すべては神話や儀礼と込みで行なわれていたというわけです。

そういう未分化な状態から、次第に様々な局面が独立の技術として合理化されていきます。医療は医療の論理によって、農作は農作の論理によって、軍事は軍事の論理によって営まれるようになる。現代では、様々な学問が独立していますし、政治も経済活動も医療も芸術も、教会やお寺の教えや行事とは無関係の形で営まれています。

芸術もまた、宗教から独立しました。昔の芸術作品や立派な建築はほとんどたいてい宗教的なものです。演劇もまた、古くは神々への奉納という形で演じられていたものが、次第に人々を喜ばせる技術として独立していったものです。

近代文学は、人生の問題について深く考えさせるようなところをもっていますが、これなどは、太古には聖書や経典が果たしていた役割です。昔の人が聖書に人生の答えがあると信じていたように、今の人はドストエフスキーや村上春樹の中に人生の答えがあると信じているかのようでもあります。

■児童文学の倫理性

文学には娯楽の側面も強いのですが、児童文学というジャンルは、倫理性が高く、子供たちに人生について深く考えさせようとしている点で、宗教的説話に通ずる性格を残しています。

芥川龍之介の『蜘蛛の糸』という短い物語のことはきっとご存じでしょう。地獄に墜ちた悪人カンダタが、極楽から降ろされたせっかくの救いの糸（蜘蛛の糸）を、自分一人が助かりたいというエゴのせいで断ち切ってしまい、地獄の底へ再転落するという物語です。人間はなかなか自己中心から逃れられないという、厳しい人間認識を示すものです。

これは国民的に人気のある物語ですが、芥川がこれを発表したのは、『赤い鳥』という児童文学雑誌の創刊号であったというのは、驚きですね。たとえ童話といっても、大人の魂も震撼させる凄味をもっているものがあるということを思い起こさせてくれます。

■『100万回生きたねこ』

別の例を見てみましょう。佐野洋子作『100万回生きたねこ』(講談社)は国内だけで二〇〇万部を売ったそうで、たいへんなヒット作です。中国でも売れており、東アジア人の心の琴線に触れるところがあるように思われます。

これは一〇〇万回も転生した猫の話ですが、輪廻転生というところがすでに仏教めいていますね。様々な生における猫の飼い主たちはその猫をたいへん愛しましたが、猫のほうでは他人のことなんてちっとも愛していませんでした。

しかし、このたびの生は違いました。猫が恋人(恋猫?)をつくり、愛したのです。そしてその連れ合いの猫が死んだとき、猫は大いに泣きました。

そして再び生まれ変わることがなかったというのです。

この物語がすごいのは、二度と生まれ変わらないという落ちが一種のハッピーエンドとなっているところです。常識的には、生まれ変わって来世でまた生きてまた恋人に会うのがハッピーでしょうから。

すでにお分かりのように、輪廻しなくなる、再生しなくなるというのは、仏教の解脱を思わせます（一〇九頁）。また、他者への愛に目覚め、他者の死のために泣くというのは、大乗仏教が大事にする「迷いの人生のただ中における慈悲」を思わせます。

『100万回生きたねこ』が仏教を思わせるモチーフをもっており、無宗教を自認する日本人の心の琴線にも触れるというのは、宗教が信仰というよりも文化のレベルで生きていることを思わせる興味深い事実です。

■『ハリー・ポッター』はキリスト教的

こうした「文化としての宗教」の底力を見せてくれたな、と、私が思ったもう一つの例は、一九九七年から十年かけて発表された「ハリー・ポッター」シリーズです。

これは魔法使いの少年を主人公とする物語ですから、宗教としてはキリスト教よりも、キリスト教が抑圧してきた異教を思わせるところがあります。日本の宗教学者もそう考えて、ハリポタ・ブームのときには、欧米社会における異教文化の流行という形でこのブームを解説したものです。

それは間違いではありませんし、欧米のファンも、欧米の宗教界もそう思ったようです。アメリカの頑固な保守的な教会では、「子供たちに魔法という邪教を教え込んでけしからん」ということで、ハリポタを焚書(ふんしょ)にするところまで現れました。

しかし、シリーズが進んでいきますと、ハリポタの主題が魔法よりも、魔法族の中の差別意識の問題など、実は社会問題にあることが次第に見えてきました。また、ハリーが死んだ両親に会いたがっているというモチーフは、死後の世界をめぐるキリスト教神学のテーマにつながっていました。

ハリポタは意外とキリスト教的な内容をもった物語だったのです。

作者J・K・ローリングは、小説を通じて子供たちに宗教を押し付けるつもりはない、子供たちにはむしろ、宗教の主題、死の問題や社会正義の問題について考えてもらいたかったとネット記事のインタビューなどで答えています。

欧米では、児童文学のような倫理的主題に深く触れる作品を書くときは、作者はキリスト教の神学と取り組む覚悟が必要なようです。『ナルニア国物語』という児童小説ははっきりとキリスト教的主題を掲げています（一八五頁）。

日本の場合、倫理性の高さと日本的な多神教的世界観との結びつきを見せてくれるのは、やはり『となりのトトロ』『千と千尋の神隠し』など、ジブリアニメですね。

児童文学、アニメ、漫画、詩、小説、戯曲、映画――様々な作品の中に仕掛けられている宗教的主題について探りを入れてみましょう。宗教への知識や洞察抜きでは深く味わえない作品というのもかなりあるのです。

宗教を描いた映画

religious films

■開祖の生涯

キリストの生涯を描いた映画は無数にあります。釈迦の伝記映画やムハンマドの伝記映画が稀であるのに比べて、キリストだけが特異です。

それはもちろん、ハリウッドがキリスト教文化圏にあるからなのですが、もともと、愛を説いて犠牲死を遂げ、その後に復活するというキリストの生涯そのものが派手で映画向きにできているせいもあるかもしれません。

また、西欧が何事につけても自己主張や公共社会の説得を重視する伝統をもっており、宗教もまた、宣教的な意図から開祖の生涯をドラマ化することにやぶさかではないという事情もあると思われます。そもそもヨーロッパには、中世からルネサンス、バロックにかけて制作された、キリストの生涯を含む聖書の様々なシーンを描いた無数の名画があり、各地の教会や美術館に溢れかえっています。

こうした違いそれ自体が比較文化的に面白い現象ですね。ドラマや物語を重視する宗教と、もっと地味な修養を重視する宗教。宣教であれ宣伝であれ、表の世界に飛び出したくてうずうずしている宗教と、じっとりと守りに徹している宗教。

もちろん、どっちがいいという話ではありません。それぞれ一長一短でしょう。それに、キリスト映画の多くは、聖書の記述に忠実でもなければ、教会の意図に沿っているわけでもありません。娯楽化が進んでいるということを御承知おきください。

■『ナルニア国物語』のアスラン

古典的なキリスト映画としてよく知られているのは、ジョージ・スティーブンス監督の『偉大な生涯の物語』（一九六五年）です。

全体として、イエスが神の子ないし神として地上に出現したという完全に神話的・神学的な前提に立って、イエスの生涯が描かれています。イエスは優しいが権威ある存在である。キリスト映画には病気治しのような奇跡がつきものですが、これもこの映画にはしっかり描かれています。キリストは死者まで甦（よみがえ）らせています。

宗教映画においては、開祖は信者に優しい存在として描かれますが、同時に権威ある存在としても描かれなければなりません。たとえ神様がすばらしい教えを説いても、権威がなければ、それは「すばらしい意見」に留まって、信仰の動機付けにはならないからです。

『偉大な生涯の物語』のキリストに近い感じをもったものとして、五〇年代に書かれた児童文学『ナルニア国物語』全七巻に登場するライオン、アスランを挙げておきましょう。これはクリスチャンの間で評判の高いファンタジーで、アスランは我々の世界のキリストに相当します。このアスランは優しいのですが、その前に立つとおのずと自らを反省したくなるような威厳を具(そな)えています。

古典的な、家父長的なお父さんのイメージをもったキリスト像ですね。『ナルニア国物語』は二〇〇五年以降に三巻ぶんが実写映画化されていますので、それでお確かめください。

■ジーザス・クライスト・スーパースター

パゾリーニ監督の『奇跡の丘』（一九六四年）は、マタイによる福音書をかなり忠実に再現した映画です。映画の中のキリストは聖書に記された言葉をそのままイタリア語で語り続けます。もっぱら説教の言葉をマシンガンのようにダダダダと繰り出すシーンもあります。

これは聖書どおりに制作したという意味では、極めて敬虔な作品ですが、映画の印象としてはむしろシュールな仕上げになっているところがいかにも奇才パゾリーニの妙技と言えましょう。貧者たちの中で「演説」し、金持ちや宗教家を批判している姿は、ほとんど社会主義映画を思わせるというあたりも、この映画の見所です。

六〇年代には、伝統的な社会も伝統的な宗教も批判するカウンターカルチャーが起こりますが（二〇〇頁）、キリスト関係のドラマも過激なものが出現します。最も有名なのは、舞台作品である『ジーザス・クライスト・スーパースター』だと思います。ティム・ライス作詞、アンドリュー・ロイド＝ウェバー作曲のロックオペラです。初演は一九七一年。幾度も映画化されています。

これはキリストを裏切ったとされるユダを主人公にした物語で、ユダの視点からキリスト受難のドラマを追っていきます。伝統的にはユダは悪魔のような悪人という扱いですが、ここに登場するユダは弟子たちの中でも最も頭のよい、責任感のある人間です。キリストの宗教運動が民衆暴動すれすれのところで展開され、官憲たちに睨まれているという現実を認識したユダは、破局が起こる前に運動を解散させるためにキリストを裏切ります。ただしキリストが処刑されるとまでは思っていなかったという設定です。

この作品は保守派から激しく批判されました。しかし、キリストをやはり神の人として描いている点は案外と敬虔な内容だとも言えます。

キリストを福音書の記述とはまったく異なった形で描いた作品としては、マーティン・スコセッシ監督『最後の誘惑』(一九八八年、原作はニコス・カザンザキスの小説)が注目されます。ここでもキリストは神の意向を受けた存在として描かれており、奇跡もたっぷりとあります。しかし、彼は暗中模索といった感じで自らの役割を探り、最後に十字架に架けられるのが神の意にかなうことだと納得するのですが、どたんばで悪魔の計らいによりアナザーワールドを体験し、女性(マグダラのマリア)との結婚生活を送ります。

この映画の観客は、神の意図は何であるかをキリストと一緒になって探求することなるので、神話的思考を新鮮な形で追体験できます。その点が優れているのですが、もちろんこうした描き方は、開祖を絶対の権威とする伝統的な宗教観には合いません。キリスト映画というよりもニューエイジ作品といった趣きがあることは確かでしょう。

■保守から超リベラルまでの広がり

このように、古典的・保守的な描き方から、超リベラル・世俗的・異教的な描き方まで実に幅広いところがキリスト実写作品の特徴です。

宗教をどう解釈するか、どう表現するか、保守的な解釈とリベラルな解釈との違いはどこにあるのか、宗教と文芸作品とはどう違うのかを考える上で、キリスト映画の鑑賞は恰好の機会を提供してくれます。

そして、これが現実社会における保守とリベラルの攻防を反映したものであることにもご注目ください。

宗教と政治

religion and politics

■政教分離という言葉

「政教分離」という言葉を聞いたことがあると思います。「政」は政治、「教」は宗教のことで、「政治と宗教の分離」を意味します。近代国家の原則の一つです。

この言葉は二重のことを教えてくれます。

まず第一に、分離しなければならないというくらいですから、実は政治と宗教は近い関係にあるということです。まるで関係のないものどうしであれば――たとえば月とスッポン――わざわざ分離しようと言う必要はありません。

第二に、政治と宗教はかなり近い関係にあるにもかかわらず、近代社会の運営上の便宜から、やはり二つを何らかの意味で分けておかなければならない、ということです。

日本国憲法によれば、宗教団体は国家から特別扱いされたり、政治的権力をふるったりしてはならず、国家のほうもまた、宗教活動（宗教教育など）を行なってはいけないとされています。

アメリカやフランスでも、教会と国家とは分離されています。どの国でも近代化にあたって、国家の組織と宗教の組織が一体化しているとうまくいかないことを学びました。政治と宗教の分離はそうした経験的知恵の産物です。

政教分離と近代国家の出現

中世のキリスト教世界では、宗教（キリスト教）と国家とは一体のものとされていました。天地を神が創ったというのですから、世界中すべての事柄が神様に属しています。その神様を代理しているのが教会ですから、すべては教会の問題だということになります。この枠組みの中で、王様は統治や戦争など自分の役割を果たしました。

しかしやがて、魂の問題を扱う教会の仕事と、俗世の世話を焼く王様の仕事との区分が明確化されていきます。政教分離の始まりですが、ただし、初めのうちは、教会の方が国家より上の立場にありました。

状況が変わったのは一六世紀のプロテスタント宗教改革のときです。これは西欧世界を仕切っていたカトリック教会の腐敗に抗議（プロテスト）した者たちの改革運動ですが、おかげでカトリックから分かれて多くの教会が誕生しました。そして新旧の宗教勢力が真理をめぐって争いを始めました。そこに国家の軍隊がかかわると凄惨な戦いになります。

実際、宗教改革以後に起きたドイツ地域の宗教戦争は破壊的なものでした。人口は減り、商業は打撃を受け、ドイツの発展を遅らせたと言われています。

こんな状況の中で、教会よりも国家が世の中を仕切った方がいいということになりました。宗教よりも政治が優位に立つ政教分離の誕生です。

フランス革命以降、政教分離は原理として確立しました。現代の西洋の諸国民や、西洋にならった国家づくりをしている国民の認識においては、「国家は市民の自由と自律のために政治を行なう」「宗教は神様の真理と魂の救いのことを教え、市民はそれぞれに自分の気に入った宗教を選ぶ」——おおよそこんな図式になっていると思われます。

■我々は神を信じる

近代国家においては政教分離が建前となっていますが、しかし、それは国家の政治が特定の教団の干渉を受けないということであり、もう一つ高い次元においては、今でも政治と宗教とは分離されていないという見方もできます。

というのは、宗教は個人の勝手、その個人の自由を守るのが国家、という図式が理にかなっているという判断そのものは、やっぱり宗教的な判断ではないかと思われるからです。政教分離そのものが政治の仕組みでも宗教の判断でもあるなら、やはり政治と宗教とはどこかで手を結んでいるのではないでしょうか。

実際、このような政教分離の仕組みは、近代のキリスト教の思考に沿ったものとなっています。近代のキリスト教では、宗教は個人の内心の信仰と良心の問題ということになっています。宗教はもともと共同体の祭儀でもあったのですが、そういう側面は次第に重視されなくなっていきました。

宗教は個人の勝手と言いつつも、西洋諸国の多くは、事実上、キリスト教を国政から完全には切り離していません。英国では英国国教会というプロテスタントの一派が国教会となっています。米国でも大統領は就任の際に聖書に手を置いて宣誓します。アメリカのドル札には「In God We Trust（我々は神を信じる）」と書かれています。

西洋諸国は圧倒的にキリスト教が優位に立っている社会ですから、「政教分離」とは言っても、市民が（ゆるやかに）キリスト教的であることが大前提になっているのです。

■国家の暴走を防ぐために大切なこと

日本における政教分離と信教の自由は、次の二つの点から要請されたものだと言えるでしょう。

第一に、日本の宗教状況は複雑です。圧倒的にキリスト教が優位な欧米社会や、圧倒的にイスラム教が優位な中東社会とは異なり、複数の宗教・宗教団体が並び立っています。国家が特定の宗教を優遇するわけにいかないのは当然です。

第二に、戦前の失敗の経験があります。戦前の国家は、国民の精神的引き締めに神道を活用しました。近代国家は、国民の福祉のためにあると同時に、国民を国際競争に勝てるように訓練して組織することを目指すものです。これが嵩（こう）じると軍事国家となります。戦前の日本はまさに軍事スピリットの高揚のために、神道神話、天皇神話を演出しました。

戦後に公布された日本国憲法は形骸化していた政教分離と信教の自由を再保障しました。

私たちは、そういう社会・文化的事情と歴史的経緯を踏まえた上で、やはり政教分離という原則をなんとかして保持していくことを考えなければならないでしょう。

と、同時に、「政治と宗教とは本来関係がない」と単純に受け取ってはならないこと、政教分離の実現の仕方は国によって、文化や歴史の違いによってどうしても異なるものになることを理解しておく必要があります。

政教分離とは静的に固まったものではなく、常に綱引きの綱のように緊張しているものだという認識が必要です。近代の政治の根幹をなしている民主主義の理念もまた、歴史的には「神仏ならざる不完全な人間どうしが平等に協力しあう」という宗教的な意識と深い関係をもっていました。その点を理解した上で、敢えて政教分離のあり方を考えていく必要があるのです。

世俗化と宗教復興

secularization and revival of religion

■科学の発展と世俗化

近代・現代の人間は古代・中世の人間のように宗教にどっぷりとひたって暮らしてはいません。こうした歴史的変化を世俗化と言います。社会の全体が宗教抜きで営まれるようになってきたのです。

一般には「科学が発展したのだから、迷信だらけの宗教が信じられなくなったのだ」というふうに認識されていると思います。教会お墨付きの天動説ではなく、新しい地動説を唱えたガリレオが裁判にかけられたというエピソードを思い浮かべる人もいるでしょう。

これはもちろん間違ってはいないのですが、人々の宗教離れに際して、むしろ重要だったのは、近代国家の発達のほうでした。

つまりこうです。

近代における国家の制度の発展は、人々の生活様式を激変させました。人々は村々の秩序や教会の組織に頼るのではなく、国家の法制度や、役所の提供する様々なサービスに依存して暮らすようになりました。

国家は学校を建てました。人々は学校で学問を学び、「国民」としての躾を受けました。人々は農業よりも企業や工場で働くようになり、そうした社会的プロジェクトを主導するのも国家の役割でした。

国家は公衆衛生を改善するなど、国民の福利の増大に努めましたが、同時に、軍隊を組織して国民を管理し、必要があれば敵国と戦わせるようにもなりました。

近代化においてはしばしば軍人が規律ある近代的生活のモデルを提供しました。一昔前の啓蒙君主たちがみな軍服のような恰好で写真に写っているのは、国家にとって軍隊と軍隊的規律が非常に大事なものだったからです。

昔風のやり方で人々を結びつけていた教会や寺院などの宗教は、相対的に存在感を無くしていきました。

退けられたのは宗教ばかりではありません。村々のしきたりなども退けられ、言葉に関しても、しばしば国家が学校での方言や少数言語の使用を禁止しました（日本でも英国でもフランスでも言語の取り締まりが行なわれていました）。

■近代化の行きすぎへの反省

二〇世紀初めまでは、こうした国家主導の近代化は当たり前のものとして受け入れられていたのですが、やがて近代化への批判の声も高まっていきました。

国家は国家間競争をしていますが、それは商業的なものであったり、軍事的なものであったりします。ビジネスといえば資本主義ですが、これが労働者を搾取する、植民地支配下の人々を搾取するなどの過酷な側面をもつことへの批判も高まりました。

国家が推進する科学的生活だってバラ色ではありませんでした。科学技術はしばしば公害をもたらすばかりか、全体として生態系を壊しているということが認識されるようになりました。今日のエコロジー（生態系、生態学）という概念が一般に広まったのは二〇世紀後半のことです。

昔の社会と近代社会のどちらがいいか、ということを議論しても意味はないでしょう。

昔の社会では明らかに平均寿命は短く、人々の多くは極貧の中で暮らしていました。しかし近代の社会では人々は競争に追われ、ネット空間などにおける新たに進化した犯罪に脅かされ、生態系の破壊や次第に大規模化していく戦争に脅かされています。

少なくとも近代化が「神の国」や「涅槃」に代わる理想の実現に成功したわけではないことは明らかです。

■現代における宗教的情念の噴出

近代への疑問ということになると、昔ながらの宗教的生活への憧憬が湧き上がります。二〇世紀における宗教的情念の噴出の主な局面を見てみましょう。

まず、キリスト教社会ですが、アメリカなどでは二〇世紀初め頃から、ファンダメンタリスト（根本主義者）たちが、進化論に異を唱え始めます。聖書の世界観では人類は神様に平等に造られたことになっていますが、生物学的進化論の影響を受けた俗流の社会進化論では、社会の不平等までも進化の淘汰の副産物として正当化するようなところがあったからです。

ファンダメンタリストの平等主義的な動機が善意のものであることは分かりますが、科学の論理を否定するのは知性の脱線というべきでしょう。

六〇・七〇年代の欧米ではカウンターカルチャー（西欧キリスト教文化に対する対抗文化）が流行しました。この時代アメリカはベトナムで戦争をやっていましたが、これに対する反戦運動が起きました。当時まだ制度化されていた黒人差別の撤廃を求める運動（公民権運動）もこれに連動し、アメリカが先頭を切っている近代化は魂の覚醒を忘れているとして、禅、ヨーガ、アメリカ先住民文化などに学ぼうという宗教的気運が高まったのです。これにロック文化、ドラッグ文化、フェミニズム、性解放などが連動します。

カウンターカルチャーは、八〇年代以降は一般社会に浸透すると同時に商業主義化していきました。非キリスト教的な宗教的モチーフについては、現代ではニューエイジと呼ばれることが多いようです。

■日本の新宗教とイスラム復興

日本の団塊の世代（六〇年代に成人を迎えたくらいの世代）には欧米のカウンター

カルチャーの影響が大きいのですが、昭和時代を通じて日本に大きな影響をもっていた宗教的勢力は、新宗教運動です。これは急速に進む近代化・都会化・西洋化の中で、庶民に先祖供養など昔風の宗教を提供すると同時に、精神的支援を通じて競争社会への軟着陸を促していたように思われます。

二〇世紀後半には、世界の宗教の状況が大きく変わりました。それまで衰退する一方だと思われていたイスラム教が、アジア社会や移民たちの精神的支柱として再び台頭を始めたのです。

イスラム復興現象には日本の新宗教ブームに似たところも、カウンターカルチャーの近代西洋批判に通ずるところもあるようです。

イスラム復興

Islamic revival

■宗教復興？

二〇世紀前半までは、「宗教は衰退する」というのが大多数の意見でした。科学が発展し、国家が人々に福利を与える以上、太古の神々をもち出して人々の自己抑制を説く宗教なんかに用は無くなると思われていたのです。

宗教はお爺さんお婆さんの文化である、と、昭和期の日本人のみならず、同時期の中東の知識人なども思っていました。

ところが、二〇世紀後半にがぜん宗教の動きが目立つようになります。

六〇・七〇年代のカウンターカルチャーは、瞑想や宗教的覚醒を強調しました。ただしこの運動は既存のキリスト教の信仰に疑問をつきつけるものでもあり、ヒッピーたちが提唱する瞑想や覚醒は社会心理学的な現象として解釈できるようなものなので、若者文化の宗教的情念の噴出は「宗教の衰退」説とそんなに矛盾するものののようには思われませんでした。

それが七〇年代後半あたりから、保守的な形での神の信仰が社会的な勢力をなすようになります。

キリスト教世界でも、福音主義とかファンダメンタリズムとか呼ばれる保守的な教会の活動が目につくようになり、政治的な影響力も行使するようになります。

さらに、世界を驚かしたのは一九七九年のイランにおけるイスラム革命です。それまでイランは王家の支配のもとで親米路線を続けていましたが、シーア派のホメイニ師を頂点とするイスラム体制という、政教分離とは真逆の国家体制が出現しました。

これ以降、次第に中東各地でイスラム復興の熱意が高まり、イスラム法を国法にしようというイスラム主義が政治的に力をもつようになったのです。

イスラム復興勢力ないしイスラム主義勢力の一部は、次第に過激さを増してゆき、各地でテロ活動を行なうようになります。最も象徴的なのは、二〇〇一年のアメリカ同時多発テロです。ニューヨークやワシントンなどで同時にテロが勃発したのですが、乗っ取られた二機の飛行機がニューヨークの貿易センタービルに突っ込み、その衝撃でビル自体が倒壊するシーンが世界中に中継されました。

■イスラム復興、イスラム主義、イスラム過激派

キリスト教において聖書を排他的に奉じようとする保守主義をファンダメンタリズム（根本主義、原理主義）と呼びますが、これに準じて、イスラムの保守的動向をマスコミでは一時期「イスラム原理主義（ファンダメンタリズム）」と呼びました。

しかし、定義が曖昧であるため、今では用いられていません。イスラム教徒はコーランの教えに厳格に従おうとするので、現代のクリスチャンの目には一般のイスラム教徒でさえもしばしば「原理主義」的に見えてしまいます。しかし、キリスト教徒の原理主義者と違って、イスラムの場合は他宗教の意義を頭から否定しないのがふつうです。信じ方、実践の仕方が違っているので、キリスト教とイスラム教の両方に同じ言葉を使おうとすると混乱を招いてしまうのです。

はっきりとした定義はありませんが、現在のイスラムの動向については、イスラム復興、イスラム主義、イスラム過激派の三つを概念的に分けておくと便利でしょ

う。

イスラム復興というのは、世界中のイスラム社会で、あるいは欧米のイスラム系移民の社会で、昔よりもイスラム教徒としての自覚が高まり、礼拝などの実践に励む人々が増えている現象のことです。

これには近代化途上における宗教的アイデンティティの確認という側面もあると思われます。日本でも昭和期の創価学会などの新宗教の「信仰復興」的な動きはかなり目立つものでした。

イスラム教徒の女性が頭に被り物をするというのも、現代においてかえって増加している現象だそうです。昔の女性は現地の風習には従っていましたが、一律に被り物をしていたわけではありません。アイデンティティの強調や、国際的な文化の流行というのは、かえって現代的な現象ですね。

イスラム主義というのは政治的な目標です。イスラム教徒は慣行としてイスラム法に従う人が多いのですが、これを国家の法に反映させようという動向が強まりました。イスラム諸国の多くは、欧米の植民地支配を振り切って戦後に登場したものですが、欧米式の政教分離に基づき、国家の法は欧米に学んだ近代法のシステムをとっています。

もともと近代国家とは発想の異なるシステムとして出来上がっている中世以来のイスラム法を、近代国家の中で運用することにどれほど現実味があるのかは分かりません。

それはしばしば、世界の政治と経済を牛耳っていると考えられた欧米社会に対する「ノー」の表明として用いられています。

イスラム過激派というのは、テロリズムに訴える一部の過激主義者たちです。過激主義やテロを行なう人々というのは、イスラムや宗教とは無関係の世界でも昔から一定数いたのですが、二一世紀になり世界中の対立が激化してくるにつれ、自分たちの存在を世界にアピールするためにテロをやってみせる者たちが増えました。

二〇世紀前半にはアジアやアフリカでも中南米でも軍事独裁型の国家が多かったのですが、アラブ地域も同様です。そうした中で、イスラムの正義を掲げる者たちは国家と衝突を繰り返していました。活動家にとってはそれは「戦争」です。その「戦争」が現実に進行中であることをアピールする過程で、テロという過激なパフォーマンスが生まれました。

それはイスラムのジハード（聖戦）の名目で行なわれていますが、イスラムの伝統的規定によれば、ジハードはそう簡単に行なえるものではなく、まして無差別攻撃は御法度（ごはっと）です。テロリストたちも、それまでモスクに通いもしなかった若者がにわかに宗教づいて活動している場合が多く、そういう意味では、過激主義者たちの行動はイスラム的ではないと言えるでしょう。

■世界中の保守化

イスラムの場合は目立ちやすいのですが、実は、世界中で保守化や過激化が進行中です。過激な経済至上主義が格差社会を生むと同時に、国家どうしの競争の意識を煽（あお）り、防衛的なナショナリズムの気運が高まっています。欧米では政治的右翼が目立つようになり、インドではヒンドゥー・ナショナリズムが勃興し、日・中・韓もナショナリズムによる憎悪関係が増大しています。

これらは宗教的情念の問題でもあり、現代社会の経済的・政治的ひずみの結果でもあるのです。

多様性と批判の伝統

diversity and tradition of criticism

■宗教を単純化して論じてはいけない

宗教の信者も、宗教を信じない人も、宗教というものを単純化して捉える傾向があります。たまたま自分が知っている宗教の教えや宗教現象からすべてを語ってしまうのです。

宗教といえば、カルトとかテロリストとか、新聞紙上をにぎわす事件のことを思い出し、それ以外のイメージをもたない人がいます。

また、信者であれば宗教に詳しいかというと、別にそういうことはないでしょう。他宗教のことを知らないばかりでなく、自分の信じている宗教が過去に現代とはずいぶん違う教えを説いていたことを知らない信者はたくさんいます。

本書の目的の一つは、宗教が多様性に満ちた現象であること、また、地域や時代による差も大きいことをご理解いただくことにありました。

■宗教の多様性の意味

繰り返しになることを厭わずに、ちょっと整理してみましょう。

宗教が多様だということには、ざっと次のような意味があります。

第一に、仏教とか、キリスト教とか、神道とか、世界には多種多様な宗教があります。しかもたくさんの宗派があり、それぞれ教えが異なっています。その上、歴史的変遷があります。また、「〇〇教」という名前のない、様々な少数民族の宗教的習慣があります。

仏教やキリスト教の信者でも、公式の教えとは別に、アニミズム的な信念を抱いていたり、星占いなどを信じていたりします。ビジネス上のジンクスとか、政治的信条とか、哲学的信念なども、宗教的信念との間に画然と線引きすることはできません。

日本人には無宗教を公言する人が多いのですが、たとえば天皇をめぐる問題になると、明らかに心理的タブーのようなものがあります。天皇制と神道とは歴史的に結びついているので、皇室への愛着だって準宗教的です。

第二に、宗教そのものが、多様な仕掛けで成り立っています。「神仏」や「救い」「悟り」の概念だけで宗教が成り立っているわけではありません。儀礼やお祭りや戒律もあります。儀礼という身体的な動作や共同体の集団行動のほうが大事で、神仏などの観念は二の次という場合もあります。

また、人間が個人のレベルと社会のレベルの二重の存在であるように、宗教もまた、個人の救いや悟りのレベルと、共同体の安寧を祈念する祭礼のレベルとをもっています。そして人々は、宗教の中に、集団的アイデンティティを得るという救い、呪術的な救い、悟りや回心にかかわる高度な救いを、多重的に体験しています（一七二頁）。

■世俗の生活の中の信念

宗教の信者は神仏という、存在の証明のしようのないものを信じていると思われるかもしれませんが、とくに証拠なくして何かを信じるというのは、人間一般の常態でもあります。

私はこれまで半世紀生きてきましたが、人々が一九六〇年代に信じていたこと、七〇年代に信じていたこと、八〇年代に信じていたこと、九〇年代に信じていたこと、二〇〇〇年を越えてから信じていること……を振り返ってみますと、人間というのはいつも何かを（それほど確かな証拠もないのに）信じている動物だなあと思います。

昭和期の高度経済成長時代には、人々は末広がりに経済成長する未来のことを「信じて」いたのであり、今になって考えてみますと、なんだか新興宗教のようです。

二〇世紀後半の経済至上主義は、テクノロジーの爆発的進歩と相俟って、人々の暮らしをどんどん忙しくしていき、国家間競争はナショナリズムを煽っています。ありとあらゆる利害が衝突する現代では、自己の信念を押し通すために他人の意見になど耳を貸さないという風潮も高まったように思われます。政治問題でも経済のグローバル化の問題でも、移民をどうするかという問題でも、環境問題でも、社会やネット空間において過激なデモンストレーションをする者たちが増えました。

宗教家ばかりが何かを信じているわけではなく、人間はすべからく何かを信じています。

自分と宗教とは無縁だと思っている人の方が、自分が無意識に受け入れている根拠なき信念について無知なままにとどまり、宗教を通じて信念の問題と取り組んでいる人の方が、「自分の信じていることは正しいのでしょうか」と絶えず神仏と対話することによって、信念の相対性を自覚し続ける、ということとすらあるのです。

■宗教の歴史は批判の歴史

振り返ってみれば、宗教の歴史とは社会批判と生き方の改革の歴史でした。

古代のユダヤ教徒は多神教の偶像崇拝が人々の搾取につながることを批判しました。ユダヤ教の伝統の中に現れたキリストは、ユダヤ教の神の律法の信仰がかえって偽善を生んでいることを批判しました。そして後発のイスラム教は、ユダヤ教やキリスト教が神の教えを人間が勝手に煩雑(はんざつ)化したものではないかと批判しました。近代の宗教改革の中で、プロテスタントは従来の教会の腐敗を批判しました。

釈迦はバラモンの呪術的権威やカースト的秩序を批判しました。大乗仏教の運動家は釈迦以来の教団が形式主義に陥っていることを批判しました。念仏の行者たちは従来の仏教がエリートにしかできない複雑な修行の重圧の中にあることを批判し、儒学者は仏教が家をないがしろにしていると言って批判し、日本の国学者は儒教も仏教もわざとらしい理屈に溺れていると言って批判しました。

こういう批判の精神を受け継ぐ形で、近現代の世俗の社会が誕生しました。

そして今日、世俗の立場から宗教的伝統が様々な形で人々を抑圧してきたことに批判が集まっています。たとえば古典的な宗教のほとんどは男性を開祖としており、男性の聖職者を中心とする権威の構造を構築してきました。今日ではこれはフェミニズムの立場から批判されています。宗教が穢れや因果応報や異端などの理由で多くの人々を差別してきたことも、次々と暴かれています。女性や異端者や異教徒ばかりでなく、ハンセン病患者やＬＧＢＴＱの人々などへの差別が歴史を通じて続いてきたのです。

そしてまた逆に、近代の世俗社会もまた、新たな形の抑圧や差別を再生産しており、これに批判の声を上げる宗教家たちが大勢います。

宗教の形をとっている、とっていないにかかわらず、人類の歴史のこうした批判と解決の模索の連鎖を、マクロに、またミクロに観察し、問題点を指摘し続けるというのも、宗教学者の役割であるように思われます。

宗教学の領域

various fields of religious studies

■宗教学を眺める

最後に宗教学の古典的領域をざっと紹介します。宗教学もまた批判の積み重ねによって成り立っていますから、古典的な研究が今日そのまま生きているわけではありません。しかし、先人たちがどう考え、どう論じてきたかを知ることには意味があります。

■宗教社会学

宗教といえば「心の問題」という印象が強いことから、心理学が宗教学に最も親和的と思われるかもしれません。しかし、歴史的に宗教学を牽引する上で大きな役割を果たしてきたのは社会学です。というのは、宗教を支える神の観念や様々な儀礼は、社会ないし共同体が支えているものであるからでしょう。

宗教社会学の祖としてはデュルケムとウェーバーが有名です。

エミール・デュルケム（一八五八～一九一七）は、社会のメンバーが結束するための象徴や儀礼にこそ宗教の主要な働きがあると見ました。いわば社会こそ神であるわけです。神だの理想だの聖だのというのが世界観であるとすると、その世界観を生み出し現実味を与えているのは社会生活です。

マックス・ウェーバー（一八六四～一九二〇）は、近代化や資本主義システムの誕生においてヨーロッパが歴史的な役割を果たしたことについて、プロテスタンティズムの世界観、倫理観が大きな役割を果たしたと考えました。神様のために禁欲することが、水も漏らさぬ企業経営の歯車を闇雲に回転させたのだとすれば、宗教というのは皮肉なものだということになります。

■宗教心理学

信仰をめぐる心理学で最も広範な影響を与えたのは、プラグマティズム哲学者のウィリアム・ジェイムズ（一八四二～一九一〇）です。彼の立てたカテゴリーは「健全な心」（楽天的な人生観の持ち主で日常の中に神様を感じています）と「病める魂」（悲観的なタイプで、人生の苦悩の末に厳しい神の信仰に目覚めたりします）のセットです。宗教は神仏の真理として提唱されていますが、個人の心理的タイプによる現れ方の違いも無視しえないでしょう。彼はまた、言語の仲介によらない直接体験として神秘主義（神との接触や悟りの体験）を論じました。

宗教心理学といえば、精神分析の父ジークムント・フロイト（一八五六〜一九三九）も学説史に名を残しています。彼は近親相姦のタブーや、トーテミズム（特定の動植物を崇拝するという一九世紀に想像された「未開社会」の宗教）や供犠（神に生(いけ)贄(にえ)を捧げる儀礼）をめぐって想像力たくましい議論を展開しました。

フロイトと並んで有名なC・G・ユング（一八七五〜一九六一）は夢や神経症患者の幻想に神話と共通するものがしばしば見られることに注目し、心の深層にある「元型」的象徴を論じました。彼は心の統合や調和とかかわる象徴としてのマンダラに注目したことでもよく知られています。

■宗教人類学

一九世紀以来、多くの人類学者がいわゆる「未開社会」に行って現地住民の生活と信念体系を調べました。それはキリスト教や近代西洋の世界観を相対化するための工夫でしたが、外部の解釈を勝手に押し付けたものではないか、結局は欧米の植民地支配に好都合な研究だったのではないかなどの批判も今日では巻き起こっています。

正負両面があると思いますが、人類学が今日の宗教学の知見に大きな役割を果たしたことは否定できないでしょう。

E・B・タイラー（一八三二～一九一七）は文化進化論的な見地からアニミズムこそ宗教の起源にある宗教だと考えました。霊（アニマ）を信じるアニミズムよりも超自然力（マナ）の信仰の方が古いという研究者も現れました。

『金枝篇』で有名なJ・G・フレイザー（一八五四～一九四一）は原始文化や民俗文化の文献的研究に長けており、呪術に関する重要な考察を行ないました。B・マリノフスキー（一八八四～一九四二）はフィールドワークに基づいて呪術や儀礼の社会的働きを研究しました。

クロード・レヴィ＝ストロース（一九〇八～二〇〇九）は人類の思考の基本をなす（内・外、生・死といった）二項対立の構造に注目することで、儀礼や象徴に光を当てました。

■宗教の定義

様々な学者が宗教の定義を行なっています。それらの多くは基本的に研究上の便宜であり、宗教の本質を語るものではないとされています。

代表的なのは、宗教を「聖と俗」という観点から定義するものと、「究極的関心」という観点から定義するものです。

デュルケムによれば、宗教とは「聖を禁止によって分かつシステム」です。禁止というのはタブーですね。聖といえば、宗教史学者・民俗学者のミルチャ・エリアーデ（一九〇七～一九八六）は、いかなる物も宗教的象徴となり得るとし、動植物や木石や火や水や天体のうちにおける「聖なるものの顕現」を意味するヒエロファニーという概念を提唱しました。宇宙の深い意味が読み取れるとき、俗は聖になるのです。

他方、神学者パウル・ティリッヒ（一八八六～一九六五）は「人間の究極的関心にかかわる象徴システム」という形で宗教を定義しました。ここで究極的関心とは、様々な文化的習慣、科学的知識、政治的判断、処世術を超えて「結局人生において大切なのは何なのか」と問うことです。その答えとして提出される神仏をめぐる教えの体系が象徴システムです。これによれば伝統的に宗教と呼ばれているような形をとらなくても、人間が何かに真剣にかかわっている限り、そこに「宗教」が見出せることになり、影響力の大きい考え方でした。

日本の宗教学者、岸本英夫（一九〇三～一九六四）も「究極的」という言葉を用い、「宗教とは、人間生活の究極的な意味を明らかにし、人間の問題の究極的な解決に関わりをもつと、人々によって信じられている営みを中心とした文化現象である」としています。

なお、これは宗教の定義と言えるのかどうか分かりませんが、「宗教」というものに関する非常に有名なコメントを一つ。哲学者のカール・マルクス（一八一八～一八八三）の言った「宗教は民衆のアヘンである」です。

これは宗教に対する単なる無理解ではなく、宗教の重要な側面をつく言葉でしょう。社会の中に構造的な問題があるとき、宗教は問題のただ中において人々に慰安を与えてしまいます。それでは問題の解決にならないし、場合によっては、人々の怒りを間違った方向に焚きつけてしまいますからね。

■日本で伝統的に研究されてきたもの

「宗教学」とは銘打たれていませんが、民俗学は日本の宗教研究に大きな役割を果たしてきたものです。日本人の大半がお寺の檀家として分類されているとはいえ、日本の庶民の実際の信仰生活はお寺の公式の教義を見ていただけでは分かりません。民俗学の祖としては日本の祖霊信仰を論じた柳田國男（一八七五〜一九六二）や、神道の鎮魂術を論じた折口信夫（一八八七〜一九五三）が有名です。

日本の宗教学では伝統的に新宗教運動の研究が盛んでした。昭和期まで元気に沸き立っていたのは様々な新宗教教団でしたし、社会学や民俗学や人類学の視点から、組織やライフスタイルを研究するのにふさわしい対象だったのです。

ちなみに、八〇年代以降は次第に伝統宗教からかけ離れたタイプの教団も目立つようになり、一部ははっきりと社会に敵意を向けるようになりました。いわゆるカルトです。一九九五年に地下鉄サリン事件を起こしたオウム真理教などがその最たるものですが、以降、宗教学もあまり性善説的に宗教に対処できなくなりました。

■今日の動向

今日では、昔ながらの宗教文献の研究、教団や地域の信仰の研究に加え、カルト問題の研究、宗教をめぐる差別の構造の研究、移民など宗教集団をめぐる対立の構造の研究、フェミニズムの視点からの研究、少子化や檀家離れによって経済的な構造的危機を迎えつつある全国津々浦々のお寺の抱える問題の研究、さらに、人々の死生観や死をめぐる様々なケアに関する研究、医療を含めたテクノロジーのもつ倫理問題の宗教的背景の研究など、種々の研究が増殖中です。

宗教学の研究の中には「宗教」という言説、さらには「宗教学」という学問を批判的に研究する流れもあり、定着しつつあります。言説の批判というのは、「そもそも〝宗教〟という概念を立てること自体に問題がありはしないか」という本源的な問いです。これは学説や通念といったものが権力を発揮し、人々を抑圧する側面に光を当てようとする二〇世紀後半に盛んになってきた歴史学や哲学の流れを汲むものです。

よく知られた宗教学の用語

common terms in religious studies

■聖と俗

日常とは異なる何か畏(おそ)れ多い、いっそう真実で、いっそう有難い世界の次元があると考える宗教はたくさんあります。日常に属するものを「俗」、高度な世界に属するものを「聖」と呼び、この聖・俗二分法をもって「宗教」を定義するという考え方が生まれます。生活上の実務的な活動や、経済や政治などの活動は、通常、俗なるものと理解されており、逆に、神仏や霊やそのような超自然的なものを代表する寺院や教会、神聖な儀礼、儀礼をつかさどったり神仏についての教えを説くお坊さんや神父さんなどが聖の側に立つことになります。➡二八頁

■ハレとケ

日本語では、俗な日常に属する時間に対して、あらたまった、何か神聖な特別な時間のことを「ハレ」と呼びます。「結婚式はハレの舞台だ」とか言うときのハレです。ハレの反対の日常的時間は「ケ」と呼びます。ハレとケは時間的な聖と俗ですが、お祭りの期間がやがて終わり、日常生活が続いたあとでまたお祭りの時が来るように、ハレとケとは循環を続けます。➡聖と俗

■回心

世俗的世界観を抱いていた人が、宗教的世界観に目覚めたとき、回心と呼びます。回心を意味する英語 conversion は宗教から宗教への「改宗」や主義主張の「転向」にも使えますから、回心という概念を特別視する必要はありません。また、宗教の信者がいつも回心体験をして宗教に入るわけではありません。回心体験のあるなしは人それぞれです。ある日神様の声が聞こえて世界観がガラリと変わったといった式の語りは、宗教的世界観の独自性を際立たせるためのレトリックである可能性が高いでしょう。➡三四頁／➡神秘主義

■神秘主義

通常は超絶したものと考えられている一神教の神などと直接触れ合う経験をしたりすることを神秘体験と呼び、そのような体験を得るためのシステムや信念を神秘主義と呼びます。これにはヒンドゥー教や仏教のような解脱の体験も含まれます（しばしば密教や禅が「神秘主義」的と言われます）。神秘体験は言語を超越した「直接体験」だとされます。しかし、「直接体験」だって文化的前提や先入観によっておぜん立てされるものだという意味では、他と異なる独自の体験が本当に存在するのかどうかは検討の余地のあることでしょう。解脱を目標とするインド系の宗教はまさに神秘主義を中核にもつと言えますが、一神教にも、ユダヤ教のカバラー、イスラム教のスーフィズムなど、様々な神秘主義の伝統があります。⬇二一六頁／⬇回心

■カリスマ

とんでもない技量があるとか、人々を動かすパワーがあるとか、並じゃない存在として人々がその権威を認めているとき、その人物には「カリスマがあ

る」と言います。「カリスマ的人物」という言い方もします。つまり、カリスマとは身分や職能などに表われた超自然的な特質（と人々が思い込んでいるもの）です。もともとはキリスト教の概念ですが、社会学者のウェーバーが一般化して用いました。指導者の超自然的権威などについて言うことが多いようです。➡聖と俗／➡アニミズム

■戒律

宗教は聖なる存在としての神仏や霊の観念だけで成り立つものではなく、そうした聖なるものの名において日々の暮らしを律し、規律ある生活を目指そうとするものです。語源的には個人的な努力目標が戒、集団的な規則が律なのですが、カミサマの掟のようなものは一般に戒律と呼ばれることが多いようです。仏教では、在家者は殺すな、盗むな、淫（みだ）らなことをするな、ウソをつくな、酒を飲むな、といった五戒を守るだけでいいが、出家者はこれに加えてたくさんの戒を守る、というやり方をとっています。キリスト教でも、修道士・修道女は一般の平信徒よりも厳しく身を律する修道生活を送ります。ユダヤ教

やイスラム教では、すべての信徒が守るべき規範が決められています。イスラム教ですと、一日に五回の礼拝であるとか、有名な、豚肉を食べない、などの習慣的規則です。⬇六一頁

■儀礼

定型的で象徴的な動作を儀礼と呼びます。一人でやるときも、集団で行なうときもあります。祈りなどの言葉を伴うこともあります。宗教は通常、信仰箇条をもつばかりでなく、戒律や儀礼をもっています。キリスト教ですと、日曜ごとにミサとか聖餐式とか呼ばれる開祖キリストを記念する行事を行ないます。仏教では、法事の際に僧侶が読経します。一般信徒でもお仏壇の前でお経を唱えたりしますね。儀礼は宗教の世界観を演ずるパフォーマンスであり、信仰を強めたり、宗教集団としての連帯意識を強めたりすると言われます。⬇一六〇頁／⬇通過儀礼／⬇イニシエーション

■通過儀礼

共同体の宗教においては、年中行事をこなすばかりでなく、個人の成長にあわせても儀礼を行なうのがふつうです。そのような儀礼を、人生の各ステージを通過していくための儀礼という意味で、通過儀礼と呼びます。最初は誕生、次は子供時代の何回かの節目の儀礼（日本の七五三など）。宗教的な意味合いを帯びた成人式もあります（ユダヤ教のバルミツバ、バトミツバなど）。結婚式も還暦の行事も通過儀礼です。人生の最後に来るのは……葬式ですね。➡儀礼

■イニシエーション

個人が宗教集団に加入したり、身分を変えたりするときの儀礼をイニシエーションとか加入儀礼などと呼びます。キリスト教の洗礼式などがこれに当たりますが、世俗の世界では入学式や入社式などがこれに相当するでしょう。➡儀礼

■アニミズム

はっきりとした神の概念をもたない民族でも、動植物や無生物に「霊魂」が

内在していると考えている場合が多いようです。霊魂の存在を信じる文化のことをアニミズムと呼びます。霊魂といっても多義的で、個人や動物などを生かしている生命力のようなものから、個体を個体たらしめている意識のようなものまで、様々なイメージがあります。自分の身体の中にあって、死んだら抜け出るというイメージも多く、死者や先祖の霊が生者と交流を求めたり、意識をもった動物が語りかけてきたり、生命力を帯びた物品が動物のように振る舞ったりするイメージもあります。なお、やや人格的な霊魂などよりも、非人格的で直接的な魔法的な力の信仰の方がいっそう基礎的だという見解もあります。昨今の「パワースポットめぐり」などにおけるパワーなんかはそんな感じの概念ですね。⬇一四二頁／⬇シャマニズム

■ **シャマニズム**

霊魂は人間から出たり入ったりできるというイメージがありますが、これを専門に行なう職能者をシャマンと呼びます。自分の霊魂を外に出して霊界を旅したり（脱魂）、他人の霊魂を自分に乗り移らせたりします（憑依）。こうした

シャマンを宗教的な相談相手ないし指導者としている文化をシャマニズムと呼びます。日本を含む東アジアにはこうしたシャマニズムが潜在的に強いと言われています。⬇一四八頁／⬇アニミズム

■一神教

唯一の神を信じる宗教。ユダヤ教、キリスト教、イスラム教は歴史的に親戚関係にありますが、いずれも天地を創造した唯一の神を奉じています。この神は自然界と人間社会とを注視している人格的存在であり、人間たちに善悪の規範を与える倫理的な中心点でもあります。なお、一神教的な考え方をする宗教はこの三つに限りません。シク教や様々な新宗教などにも一神教型の宗教はあります。また、哲学者や科学者が理論的に宇宙の中核に立つ神を考える場合もあります。⬇八〇頁／⬇多神教

■多神教

多数の神々を信じる宗教を多神教と言います。神道も道教もヒンドゥー教も

多数の神々を信じていますので、多神教です。古代ヨーロッパで信じられていた、ギリシャやローマの神々の世界も、エジプト人の宗教も、マヤ族の宗教も、みな多神教です。つまり、今日一神教が優勢な地域を含めて、古くは世界中で多神教が信仰されていました。仏教のような悟りの修行に焦点を置く宗教でも、実際には、数々のブッダや菩薩と呼ばれる神的な存在を拝みますので、多神教的と言えるでしょう。なお多神教か一神教かという違いは相対的な問題だとも考えられます。というのは、一神教においても、天使や聖者など多数の霊的に優れた存在を崇敬することが多く、多神教においても、神々の真理の本質をなすブラフマン（ヒンドゥー教）とか、ダルマ（仏教）とか、道（道教）といった一個の原理を信じている場合が多いからです。➡八二頁／➡一神教

■救済宗教

宗教の営みには、共同体の安寧を祈念するという方向性と、個人の魂を救うという方向性の二つがあります。このうち、個人の救済に焦点を当てることが始まったのは、紀元前五世紀頃に生まれた仏教とか、紀元一世紀に生まれたキ

リスト教などの出現以来のことだと考えられています。個人の救済に焦点を置く宗教を救済宗教と呼びます。そのような宗教でも共同体の祭祀は行ないます。今日では、神道なども含めて、世界中のほとんどの宗教が、共同体のお祭りと個人の救いの二つの役割を引き受けています。➡一三四頁

■カルト

二〇世紀末頃からマスコミなどが「反社会的な信仰集団」の意味でカルトという言葉を盛んに用いるようになりました。一九九五年に日本のオウム真理教が地下鉄にサリンを撒く事件を起こしましたが、そのような特異な教団のことをカルトと呼ぶことが多いようです。もともとカルトというのは、単に「崇拝」という意味だったのですが、敢えて伝統的ではない特異な崇拝グループを指すことが多くなり、反社会の意味を獲得したものと思われます。一部の宗教団体の「反社会的」な活動に対する批判は、継続的に存在していたのですが、二〇二二年に起きた安倍元総理大臣銃撃事件が、一つの転機をもたらしました。犯人の動機解明をめぐって、「宗教二世」の問題や、教団と政治家との不

透明な関係の問題などが浮上し、公に議論されるようになったのです。「宗教二世」の問題とは、親の宗教活動や子供への信仰の強制によって子供自身の人権が侵害されるという問題です。この事件の場合、犯人の母親が統一教会（世界基督教統一神霊協会、現在の呼称は世界平和統一家庭連合）の信者であり、犯人は母の多額の献金がもたらした困窮を恨みに思っていました。

このようにカルトないし反社会的とされる教団は、しばしば、信教の自由、政教分離、宗教法人の認定などをめぐって宗教に潜在する問題を浮き彫りにするものであり、それ自体は特殊な事例であったとしても、宗教というもののあるべき姿を様々な信仰者や社会一般が模索する指標ともなります。➡二二〇頁

■ファンダメンタリズム

二〇世紀初めにアメリカの保守的なキリスト教グループが、これだけは譲（ゆず）れないいくつかの根本信条（ファンダメンタルズ）を選んで宣教したというのが、ファンダメンタリズム（根本主義、原理主義）という言葉の語源です。そうした信条の中でとくに目立ったのが、聖書を字義通りに解釈することでし

た。字義通りといっても結局は信者グループにとって都合のいい読み方なのですが、ともあれ、聖書に神が天地を六日間で造ったと書いてあるから、天文学的宇宙論も進化論もウソだと超保守派は言い張ります。そのような教典の字義的解釈と反知性主義が、ファンダメンタリズムの指標となっています。アメリカには常にファンダメンタリズムに共鳴する一定数の人々がいます。なお、一時期、マスコミは、イスラム教の超保守派や過激な一派についてもファンダメンタリズムと呼んでいました。この場合は原理主義と訳されることが多いようです。➡二〇四頁

■ニューエイジ

一九六〇～七〇年代の欧米の若者文化として、既存の西欧・キリスト教文明に対抗するような宗教的文化が噴出しましたが、これを「対抗文化（カウンターカルチャー）」と言います。それは禅、ヨーガ、異教文化、アメリカ先住民文化、輪廻信仰、占星術などの要素を含み、「自然に帰れ」的なライフスタイルや、反戦運動、反人種差別闘争、女性解放運動、性解放運動、ＬＧＢＴＱ解

放運動なども連動していました。この流れは多様な宗教運動を含んでいますが、八〇年代以降はすべてひっくるめてニューエイジというふうに呼ぶことが多いようです。日本でこれに相当するのは「精神世界」ということになります。欧米ではニューエイジの瞑想や輪廻信仰などはキリスト教に異質な伝統ということになるのに対して、日本に輸入された場合は、しばしば伝統宗教や民間信仰とそのまままずるずるとつながってしまう点に違いがあると言えます。➡

二〇〇頁／➡スピリチュアリティ

■スピリチュアリティ

日本では「無宗教」を名乗る人が多いのですが、欧米でも「宗教」という言葉・概念を嫌って、かわりに「スピリチュアル」という言葉を用いる人が増えてきました。「私は宗教的（レリジャス）ではありませんが、スピリチュアルです」といったように。この場合、「宗教」とは組織や教条がはっきりしていて、どちらかというと排他的な、伝統型の信仰のことを指しているようです。これに対してスピリチュアルは、もっと個人的で、教理的にも不定形な何かを指しています。キリスト教的な場合もありますが、禅やヨーガや輪廻信仰やキリスト教以前の異教文化などの要素を汲んだ「ニューエイジ」系の信仰の影響を受けている場合が多いようです。なお、スピリチュアル（霊性的）もスピリチュアリティ（霊性）も本来はふつうの英語であり、宗教の中の個人の魂にかかわる部分を指します。⬇ニューエイジ

■世俗化

欧米社会や日本では、近代化とともに、宗教が表社会を牛耳る場面がぐんと減っていきましたが、そうした流れを世俗化と呼びます。これは宗教の衰退というよりも、公共社会における宗教的場面の後退ということです。個人の内心では、人々は様々な宗教を信じ続けているかもしれませんが、それが社会を運営する上で意味をもつことが減ってきたということです。二〇世紀前半までは世界は世俗化する一方だとも考えられていましたが、二〇世紀後半にイスラム復興など世界各地で宗教回帰現象が見られるようになり、世俗化論も見直しを迫られました。しかし、信者の思いはどうであれ、実際に宗教が社会に影響力

を継続的に行使することが可能かというと、依然として疑わしいと言うべきでしょう。➡二〇二頁

■無神論

「無神論 atheism」とは文字通り「神は無い」と信じることです。神・神々の存在の否定のみならず、宗教をまるごと否定する立場を意味していることも多いようです。一神教社会では伝統的に、無神論者を「世界の基盤そのものを破壊する人」すなわち犯罪者のように捉える人が多かったのですが、近年の欧米では、神の存在に根拠がないこと、宗教的な教えや戒律が不合理であることを子供たちに教えるべきだと主張する科学的無神論者も増えてきており、若い世代の間で支持が広がっています。無神論提唱でよく知られた科学者は、進化生物学者のリチャード・ドーキンスです。

近年における無神論の台頭は、ファンダメンタリスト、カルト、宗教テロリストへの批判によるところもありますが、それ以上に、社会が個人主義化し、人権意識も高まる中、伝統宗教の行なってきた性差別、性指向差別、児童虐

待、科学的知識からの逸脱等々の問題が顕在化されるようになったためでもあります。➡二一頁

読書案内

Further Readings

📖**中村圭志『ビジュアルでわかる　はじめての〈宗教〉入門**
——そもそもどうして、いつからあるの？』河出書房新社

世界の諸宗教の神話や教えについて、本書で紹介したものよりさらに具体的なところを踏み込んで知りたいという方は、ひとまずこの本をお読みください。タイトルにあるように、この本は、ビジュアル、つまり古今の名画や彫刻作品の写真を通じて各宗教の物語や教えの要点に触れやすくしています。宗教学的なスタンスで書いてありますから、神話と歴史の史実の違いをはっきりさせています。

ちなみにこの本は、中高生からでも読めるように書くというコンセプトのシリーズの一冊として企画されていますが、大人でもじゅうぶん読み応えがあるはずです。日本では教育の現場で宗教が扱われることがほとんどないので、基

本的な知識の学習に関して中高生か大学生か社会人かの違いは意味がありませんからね。

📖ジョン・ボウカー著　中村圭志日本語版監修　黒輪篤嗣訳『世界の宗教大図鑑』河出書房新社

世界の古典的宗教についての図鑑です。こちらは古今の名画というよりも、それぞれの宗教で伝統的に用いられてきた写本や壁画や聖具などの写真を教理の図解などに多用しています。海外では宗教についてどのように紹介されているのか、知っておくことは有益でしょう。どうしても日本や漢字文化圏の情報は「手薄い」ものになるきらいがありますが、それもまたグローバルな現実と割り切ることが必要です。逆に、キリスト教やイスラム教などについては、日本で書かれたものよりも多面的な理解が得られやすいと思います。

📖シリーズ「宗教の世界史」全12巻（現在11巻刊行）山川出版社

信仰というよりも歴史学の視点で諸宗教を知っておくには、たとえばこのシリーズはいかがでしょうか。1『宗教の誕生』、2『ヒンドゥー教の歴史』、3（未完）・4『仏教の歴史』、5『儒教の歴史』、6『道教の歴史』、7『ユダヤ教の歴史』、8・9・10『キリスト教の歴史』、11・12『イスラームの歴史』という構成になっています。

一例を挙げますと、7巻の『ユダヤ教の歴史』では、旧約聖書時代から書き起こし、中世にキリスト教徒やイスラム教徒に囲まれて少数派として暮らすようになった時期のさまざまな動向、そして近代国民国家形成の中で各地のユダヤ人がどのような状況に置かれたか、イスラエル建国と新たに起きたパレスチナ問題などについてのかなり詳しい基礎知識を与えてくれます。

📖島薗進『教養としての神道――生きのびる神々』東洋経済新報社

本書の本文でも、先に紹介した宗教史の本でも、神道の記述は薄いか省かれています。神道は日本国内だけのたいへんローカルな宗教なので、世界の他の宗教とはなかなか同列には扱えません。神道というものは、日本列島太古のカミガミの信仰から直接生まれたものではなく、仏教や儒教などの影響をたっぷり受けて、とくに近世になって練り上げられたものです。
　この本の「はじめに」には、神道に関する専門的研究書の成果を踏まえて、社会人や大学生や高校生にも分かるように平易な記述を目指したと書かれています。神道の歴史は案外と複雑で、読むとけっこう骨が折れるかもしれませんが、逆に、日本史などに親しんでいる方にはよく分かる内容です。

📖島薗進・葛西賢太・福嶋信吉・藤原聖子編『宗教学キーワード』有斐閣
　宗教学の諸概念について、もっと詳しく知りたいという方にはこの本が参考になると思います。「現代の生の現場から問う」「宗教の立場に即して考える」「宗教に距離をとって問う」の三部からなり、宗教をめぐる非常にたくさんの問いに答えてくれます。
　目につくトピックを拾ってみますと……宗教と死の問題、救いや癒しの問題、宗教をめぐる差別や暴力の問題、政治やナショナリズムとの関係、カルト問題、儀礼、神話、神秘主義、アニミズム、さらに宗教の概念、心理の場、社会の場、思想の場における宗教などが扱われています。「政教分離国であるアメリカの大統領が『神』を口にして国民とともに祈りを捧げてもよいのなら、日本の宗教が公人として神社に参拝しても問題ない、ということはできるか?」のような微妙な問いとそれに対する回答——というより考察——がたくさん取り上げられています。

📖シリーズ「いま宗教に向きあう」1~4 岩波書店

現在の若手の宗教学者の諸論文からなる本ですが、四つの巻ごとにテーマが定まっており、日本と世界の現在の宗教の状況を把握するには必読の基本図書となっています。

1と2は「国内編」と銘打っており、1『現代日本の宗教事情』には伝統宗教と新宗教の現在の様子、「スピリチュアリティ」という現代的概念の諸相、在留外国人の宗教の様子などが、2『隠される宗教、顕れる宗教』には政教分離問題、宗教の公益性をめぐる議論、宗教とメディア露出の問題などが扱われています。

3と4は「世界編」で、3『世俗化後のグローバル宗教事情』にはイスラム社会の現状、ロシアや中国の宗教事情、児童文学の魔女像、グローバル化や電脳化の時代の諸問題などが、4『政治化する宗教、宗教化する政治』には各国のナショナリズム問題、人権や宗教の自由の問題、宗教の社会貢献などの諸相が取り上げられています。

📖**田中雅一・川橋範子編『ジェンダーで学ぶ宗教学』**世界思想社

ジェンダーとは社会や文化が規範としてもっている「男」「女」のあり方です。自然の性差とは別次元のものです。宗教もまたこのジェンダーを生み出して権威づけてきました。

性差ということでは、孔子、釈迦、キリスト、ムハンマドと大宗教の開祖が妙に男ばかりであり、聖職者や宗教的な学者に男性の比率が高いというのも気になるところです。さらに、性指向による差別の問題もあり、従来の宗教学がジェンダー的視点をことさらに無視してきたという問題もあります。

というわけで、近年、宗教学のトピックは一気に何倍にも膨れ上がりました。ジェンダーに限らず、宗教が設定してきた人間観とは——そのバイアスとは――何かというのは重要な問題領域ですので、一冊だけ、入門書として紹介しておきます。

📖ロビン・ダンバー著　小田哲訳　長谷川眞理子解説
『宗教の起源――私たちにはなぜ〈神〉が必要だったのか』白揚社

伝統的な宗教研究では信者にとっての「意味」を尊重してきましたが、現代の欧米では、認知科学や進化論の知見に基づいてドライに宗教を虚構として分解して捉える研究が進んでいます。霊長類学者ないし進化心理学者のロビン・ダンバーによるこの本はそうした新しい視点の一つを提供してくれることでしょう。

ダンバーは、人類が親密性を感じて暮らす集団サイズの上限として一五〇人程度という指標を打ち出したことで有名です。

啓蒙的歴史学者のユヴァル・ノア・ハラリも、著名な『サピエンス全史』（上下、河出書房新社）の中で、このダンバー数を超えた社会集団の誕生が神話や宗教的信条の働きであったとして、先史時代から科学革命の時代までの人類史を概観しています。興味のある方はそちらのほうを読まれるのもいいかもしれません。

おわりに

歴史を勉強した方は、古い時代の文化の多くが宗教と結びついていたことをご存じだと思います。日本や西洋の中世の文学を理解する上で仏教やキリスト教の知識は不可欠ですし、美術史の前半に登場するのはたいてい神仏の彫像や絵画、あるいは神殿や教会や寺院の建築です。

宗教はもう昔のものだと思っている方もいると思いますが、宗教は明示的にも潜在的にもまだまだ健在です。

中東社会においてイスラム教が今でも重要な位置を占めていることは、テレビの解説などによってよく知られています。実はアメリカなどでも、キリスト教会が社会の中で大きな役割を果たしており、また政治的影響力をもっています。

世界最大の単一宗教組織であるカトリック教会の長をローマ法王（教皇）と呼びますが、社会倫理問題に関する法王の発言は世界中の信者の生活規範にはっきりと影響を与えています。

潜在的ということでは、あまり宗教を意識しない日本人の行動や世界観も、西洋人の行動や世界観と比べたとき、仏教や神道などの伝統宗教の影響を受けたものだということが分かります。医療倫理問題への反応の仕方、事故における遺族の態度にそういうものが現われています。

ポップカルチャーにおいてもそうです。ジブリアニメの人生観や自然観は仏教や神道に共鳴的ですし、『ハリー・ポッター』の倫理観や死生観の裏にはキリスト教があるのです。子供時代からそうした宗教的世界観が「刷り込まれて」いるのだとすれば、宗教の潜在力の大きさが分かるというものです。

宗教は何万年という歴史を誇る、人類文化の老舗です。時代の変化の速度が増しているとはいえ、こうした文化の刻印はそう簡単に消え去るものではないでしょう。

私は一九五八年生まれです。振り返ってみますと、私が高校や大学に行っていた頃は、今とは異なった形で宗教が話題を集めていました。私より一回り上の世代であるいわゆる「団塊の世代」が中心となって、禅やヨーガ、コミューン生活、自然回帰や文明批判に彩られた精神の覚醒を目指すサブカルチャーを実践していたのです。

一九九〇年代には救済と称して地下鉄にサリンを撒いたオウム真理教の事件など、カルトの事件が続き、日本人は「宗教」にアレルギー反応を起こすようになりました。世界的に見ても、冷戦終結とともに政治的な環境が大きく変わり、イスラム教が復興をとげ、キリスト教保守主義の動きが活発化しました。

政治的には、国際主義よりも各国家の防衛意識が高まり、左派が後退して右傾化が進みました。

というわけで、私は六〇・七〇年代と世紀の変わり目頃に宗教や政治の「流行」が大きく変化する様子を眺めてきたわけです。

この半世紀に起きたことはこれだけではありません。二〇世紀末頃から資本主義が先鋭化し、格差や社会の分断が促進されました。インターネットやＡＩ（人工知能）など新しいテクノロジーは新たな難問を次々と社会に突き付けています。また、地球温暖化という「不都合な真実」が全人類的テーマとして急浮上しました。

私自身は、こうした難問を客観的に見据えるためにも、時代の流行的思潮に埋没したくないと考えています。そして私にとって（反面教師的な形のものも含めて）知的バランスの取り方を教えてくれたのが、諸宗教の伝統に対する知識でした。宗教学を通じて、私は人生と社会に対するマクロな展望を身につけるトレーニングをしてきたようなものなのです。

以上は個人的感慨のようなものですが、あるいは読者の皆さんにとっても参考になろうかと思い、記してみました。

最後になりますが、本書の企画立案やディテールの調整に力を発揮してくださったＰＨＰエディターズ・グループの田畑博文氏に感謝の意を表します。

二〇一七年十一月

中村圭志

参考文献

井上順孝・月本昭男・星野英紀編『宗教学を学ぶ』(有斐閣選書)
石井研士『プレステップ　宗教学』(弘文堂)
山中弘・藤原聖子編『世界は宗教とこうしてつきあっている――社会人の宗教リテラシー入門』(弘文堂)
櫻井義秀『「カルト」を問い直す――信教の自由というリスク』(中公新書ラクレ)
山折哲雄監修『世界宗教大事典』(平凡社)
ドーリング・キンダースリー社編、島薗進・中村圭志日本語版監修、豊島実和訳『宗教学大図鑑』(三省堂)
小口偉一・堀一郎監修『宗教学辞典』(東京大学出版会)
「宗教の世界史」(山川出版社、全12巻、現在11巻刊行)
ミルチア・エリアーデ『世界宗教史』(ちくま学芸文庫、全8巻)
ニニアン・スマート編、山折哲雄監修、武井摩利訳『ビジュアル版　世界宗教地図』(東洋書林)
中村圭志『聖書、コーラン、仏典――原典から宗教の本質をさぐる』(中公新書)
小野泰博・下出積與・椙山林継・鈴木範久・薗田稔・奈良康明・尾藤正英・藤井正雄・宮家準・宮田登編『日本宗教事典』(弘文堂)

井上順孝編『現代宗教事典』（弘文堂）
中村元・福永光司・田村芳朗・今野達・末木文美士編『岩波　仏教辞典　第二版』（岩波書店）
大貫隆・名取四郎・宮本久雄・百瀬文晃編『岩波　キリスト教辞典』（岩波書店）
大塚和夫・小杉泰・小松久男・東長靖・羽田正・山内昌之編『岩波　イスラーム辞典』（岩波書店）

著者紹介
中村圭志（なかむら　けいし）
1958年北海道生まれ。東京大学大学院人文科学研究科博士課程満期退学（宗教学・宗教史学）。宗教学者、翻訳家、昭和女子大学非常勤講師。著書に『教養としての宗教入門』『聖書、コーラン、仏典』『宗教図像学入門』（以上、中公新書）、『ビジュアルでわかるはじめての〈宗教〉入門』（河出書房新社）、『教養として学んでおきたい５大宗教』（マイナビ新書）、『人は「死後の世界」をどう考えてきたか』（角川書店）、『亜宗教――オカルト、スピリチュアル、疑似科学から陰謀論まで』（インターナショナル新書）。翻訳書に、ロバート・Ｎ・ベラー他『心の習慣――アメリカ個人主義のゆくえ』（島薗進との共訳、みすず書房）、タラル・アサド『宗教の系譜』（岩波書店）、トマス・ディクソン『科学と宗教』（丸善出版）、増澤知子『世界宗教の発明』（みすず書房）などがある。

本書は、2018年２月にＰＨＰエディターズ・グループから刊行された『面白くて眠れなくなる宗教学』を改題し、加筆・修正したものである。

ＰＨＰ文庫　教養として知っておきたい宗教学

2024年２月15日　第１版第１刷

著　者　中　村　圭　志
発行者　永　田　貴　之
発行所　株式会社ＰＨＰ研究所
東京本部　〒135-8137　江東区豊洲5-6-52
ビジネス・教養出版部　☎03-3520-9617（編集）
普及部　☎03-3520-9630（販売）
京都本部　〒601-8411　京都市南区西九条北ノ内町11

PHP INTERFACE　https://www.php.co.jp/

制作協力
組　版　株式会社PHPエディターズ・グループ

印刷所
製本所　図書印刷株式会社

　ISBN978-4-569-90387-3

PHP文庫

キーワードでわかる！ 中村天風事典

池田 光 著

天風会第四代会長の杉山彦一氏に師事してきた著者が、中村天風の生涯と思想を、124のキーワードと写真、図表でまとめる事典。

PHP文庫

日本と世界の架け橋になった30の秘話

「戦争と平和」を考えるヒント

渡邊 毅 著

『道徳の教科書』の著者が、日本人と外国人の間で築かれてきた友好物語を紹介。ウクライナ戦争の時代だからこそ押さえておきたい。

PHP文庫

いっきに読める史記

島崎 晋 著

伝説の黄帝から前漢武帝の時代まで、司馬遷の不朽の歴史書「史記」の全ストーリーを一冊に凝縮。スイスイ読める超訳でよくわかる。